Treasures for Scholars Worldwide

广西优秀传统文化
出版工程

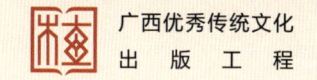

石刻里的广西

石刻通论卷

刘汉忠_著

GUANGXI NORMAL UNIVERSITY PRESS
广西师范大学出版社
·桂林·

石刻里的广西 石刻通论卷
SHIKE LI DE GUANGXI SHIKE TONGLUN JUAN

图书在版编目（CIP）数据

石刻里的广西. 石刻通论卷 / 刘汉忠著. -- 桂林：广西师范大学出版社，2025.2. -- ISBN 978-7-5598-8002-4

Ⅰ. G127.67-49

中国国家版本馆 CIP 数据核字第 2025H6S526 号

广西师范大学出版社出版发行
（广西桂林市五里店路 9 号　邮政编码：541004）
　网址：http://www.bbtpress.com
出版人：黄轩庄
全国新华书店经销
广西广大印务有限责任公司印刷
（桂林市临桂区秧塘工业园西城大道北侧广西师范大学出版社
　集团有限公司创意产业园内　邮政编码：541199）
开本：880 mm × 1 230 mm　1/32
印张：6　　字数：124 千
2025 年 2 月第 1 版　2025 年 2 月第 1 次印刷
定价：36.00 元

如发现印装质量问题，影响阅读，请与出版社发行部门联系调换。

总 序

◆

广西地处中国南部，区位优越，东邻广东、西通云贵、南接越南，在中国与东南亚的政治、经济、文化交往中一直占有重要地位。广西这片土地不仅山川秀美、历史悠久，更因多民族的交往交流交融，绘就了璀璨的文化图景。

石刻作为一种独特的文化载体，承载着广西千百年来的历史记忆、文化传承与艺术精髓。广西石灰岩资源丰富，分布广泛，石质坚硬，便于雕镌。在尚未有文字记载的时代，广西先民就已学会在崇左花山等山岩崖壁上描绘日常生活场景，表达思想感情与艺术想象。广西现存最早的石刻，应是南朝刘宋时期的石质买地券，但刻碑风尚至少可上溯至东汉时期，东汉末建安二十一年（216）曾任零陵郡观阳长（观阳即今桂林市灌阳县）的熊君墓碑，虽立于今湖南永州市道县境内，但说明当时刻碑风气已在零陵郡一带广泛流行。

石刻在广西地区的广泛分布，不仅展现了中华文明在边疆地区扩散传播的轨迹，也是多民族交往交流交融的重要见证，为铸牢中华民族共同体意识发挥了不可替代的作用。广西历史石刻分布地域广泛、数量繁多，堪称通代文献渊海。自唐宋以来，广西刻石之风气经久不衰，至今留存了极为丰富的石刻文献，广西也因此成为中国石刻较为集中、特点鲜明的地区，素有"唐碑看西安，宋刻看桂林"的说法。广西石刻文献内容价值主要有珍稀性、系统性与普适性三个特点，石刻类型至少包括摩崖、碑碣、墓志、塔铭、买地券、画像题字、造像记、器物附刻等，石刻文体至少包括碑、墓志、颂、赞、铭、纪游、诗、词、文、赋等。晚清金石学家叶昌炽曾赞叹"唐宋士大夫度岭南来，题名赋诗，摩崖殆遍"，其中最有代表性的石刻，如桂林龙隐岩的《元祐党籍碑》、柳州柳侯祠内的《荔子碑》，以及桂林王城独秀峰读书岩上的王正功《鹿鸣宴劝驾诗》等。

近些年来，广西壮族自治区党委宣传部启动广西优秀传统文化出版工程。委托广西师范大学出版社策划并组织专家撰写这套《石刻里的广西》丛书，是目前国内为数不多的广西石刻丛书。本套丛书选题特色鲜明，通过挖掘广西丰富的石刻文献资源，讲好石刻里的广西历史故事，积极推动广西地区中华优秀传统文化的创造性转化、创新性发展。

本套《石刻里的广西》丛书共有十卷，包括《石刻通论卷》《历史名人卷》《山水人文卷》《民族融合卷》《文化教育卷》《水陆交通卷》《经济商贸卷》《科学技术卷》《摩崖造像卷》《书法艺术卷》。每一卷选取一些具有代表性的广西石刻，采取雅俗共赏、图文并茂的方式，用通俗的语言介绍石刻基本情况、解读石刻内容，讲述石刻背后的历史人物故事，揭示石刻背后的政治经济关系、山水景观塑造与文化交流网络等。

同时,我们也希望通过这套《石刻里的广西》丛书,引导更多人关注与保护广西石刻,让广西这些珍贵的文化遗产得以永续传承,并实现转化利用。

是为序。

江田祥

前　言

♦

　　广西的传统文化遗产，古代石刻占有极其重要的地位，相较于其他省（自治区）、直辖市，尤其明显。有关研究表明，自东汉之始广西石刻出现，延绵而下千数百年，地理分布则灿若星河，疏密有致。石刻作为一种文化现象出现，其始与汉文化传入岭南紧密联系，大致从北东南三向水陆交替，渐次进入，至隋唐时期，摩崖碑碣石刻已广泛分布。自此长时期一直是受众极为普遍的重要文化载体。数量繁多，有如恒河沙数。虽历经风雨磨蚀或人为毁损，至今存量仍极为可观。

　　广西古代石刻堪称通代文献渊海，地理分布又无不印证地方胜迹景观兴衰和演变。本书所录石刻类型以碑碣摩崖为主，兼录墓志、墓碑、石窟造像、塔铭、石额、雕件等，内容则关于城池、学校、寺观、宗祠、义仓、水利的兴建修葺，以及昭告、训饬、劝善、捐助、科贡题名等，又有大量风景名迹题咏诗文题记等。官府立碑昭示法令，民间以之传布规约，主要分布署衙、街巷、寺庙和宗祠等，并及山崖洞壁之处，可谓无所不在。石刻经墨拓或抄录得以广泛传布，著录于方志有之，辑入文集有之。金石之学至宋代蔚为大观，广西虽处边隅，而乡贤李时亮《古碑总录》可见追随时代学风。明代万历年间，张鸣凤《桂胜》《桂故》考录题刻，独步一时，史识高远，往往得于文字之外。康熙年间汪森编纂"三载"（《粤西文载》《粤西诗载》《粤西丛载》），大量篇什直接或间接据自石刻文本。清代乾嘉年间朴学大兴，金石碑版研究达于极盛。嘉庆《广西通志·金石略》（《粤西金石略》）以收录丰富、严谨著录成为典范之作，而域内外学者尤其关注广西石刻，考订著作在此前后相继出现。况祥麟、朱依真专注广西石刻，精于考订。况周颐虽长期寓居于外地，而念念不忘乡邦，有《粤西金石略补遗》等金石著述，成就尤为突出。

广西古代石刻内容涉及各时期、各层面历史事实，巨细兼备，色彩各异，一枝一叶，俱关舆地之情。晚明张岱史学巨著《史阙》自序云："余于是恨史之不赅也，为之上下今古，搜集异书。每于正史世纪之外，拾遗补阙，得一语焉，则全传为之生动；得一事焉，则全史为之活现。"石刻文献之于史地研究，实可谓山珍海错。其重要价值在为初始文本，最可资用。补典籍之遗略，勘定误载之史实，或提供互证，凡此种种，不一而足。

时移世易，古代石刻毁失不可数计，而存留至今究竟多少亦难知确切。古今学人收集释读石刻之条件略有异同，今之目验原刻、参看拓片之外，有拍照、录像、扫描、图像处理等方法，近日人工智能"深度求索"（DeepSeek）横空出世，必更有助力文献整理和研究。同时，石刻漶漫损毁致辨识增加难度，释读能力往往又成为关键。揭示碑刻里潜藏的诸多历史事实，进而对古代社会有更丰富的认知，有待于石刻文献全面整理，并以此为厚实的基础进行深入的研究。

附记：

上年十一月末，奉到广西师范大学出版社文献分社鲁朝阳社长雅命，以"广西石刻通论性"文稿邀约，程期急切。一时未及深虑，率尔应答，勉力为之。次月初肖承清总监复来电相商，并转示确定(广西)《石刻通论》之题，并篇幅、配图若干，行文亦有书例要求。

余之视眇思滞，即偶有阅览，过目即忘，难为之情，不待哓絮。所以承命，或因执念。十余年前，受聘《柳州石刻集》特约编撰(柳州博物馆编，广西人民出版社2014年9月第1版)。之后承领《广西石刻简志》(拟题)柳州区域之作。之后改订旧作，增加篇什，结集为《柳州石刻释要》(柳州市地方志办公室编，云南人民出版社2022年12月第1版)。当时考释文字并提要内容，已颇有鱼知秋水之感。其间又将研读范围稍作宽展，陆续拟成广西石刻著录概略初稿，约三万言许。承命之后，急急检视旧文，有如"断烂朝报"，前之认知又似古碑之漫漶，多已浑然；积年辑集之广西石刻文献，复散乱无绪。惶惑之余，只得发上善之愿，勉力撰述。笔者拘于一隅，欲"通论"一省，此驭繁以简之题，即无意执之偏蔽，其识断之狭陋则必不能免。如此不惟左支右绌，且恐误不自知，此非预设托辞。晚近以来，广西各种石刻辑注类著作，闻其名数十，绝多无缘得见，且无类似通论之作可供他山之借。故仅于石刻存传数据偶有征引有关统计之外，各章绝多直据古代石刻文献述论。至于行文，积习久已深入骨髓，只得勉力通变，只恐未符所示。此作虽为私撰，深知出则公器，所谓"取法其上"，是否"得乎其中"，实非笔者所敢悬想。今成稿九万余言，配图如数。所以强勉撰述，知我者谓我为文所累，不知我者则谓我何苦为文。如此而已。

柳州　刘汉忠

2025年2月14日于珠海

目 录

- **第一章　石刻时代及分布**
  - 第一节　石刻源起　2
  - 第二节　石刻分布及数量概略　7
  - 第三节　刻石师匠之贡献　28
  - 第四节　广西人物域外题刻　32
  - 第五节　名碑述例　38

- **第二章　石刻文献之流传**
  - 第一节　寻碑、拓碑、抄碑　51
  - 第二节　拓本之流传　63
  - 第三节　《荔子碑》风行天下　69

- **第三章　文史著述与石刻文献**
  - 第一节　文人著作与石刻著录　78
  - 第二节　李时亮《古碑总录》　86
  - 第三节　金石专著记录石刻名品　88

- **第四章　方志与石刻文献**
  - 第一节　明初之前方志著录石刻的特点　92

第二节　《艺文志》与石刻文献之关系　　　101
第三节　《金石志》出现及其与《艺文志》的关系　　　106

第五章　石刻文献价值叙论

第一节　石刻文献辑佚、校勘及考证价值　　　118
第二节　石刻文献的社会印迹　　　132
第三节　石刻文献的宗教研究价值　　　144
第四节　图碑的建筑研究价值　　　159

第一章　石刻时代及分布

　　中国文字图绘的载体自甲骨、钟鼎、帛书、竹木简牍、石刻而后，才出现纸张书写、木刻刷印等。刻文于石一直沿用，源远而流长。广西石刻出现考古印证始于东汉，作为文化传播的重要载体，影响所及迅速而深远。

　　石刻有广、狭两种指称。广义石刻，是摩崖、碑碣、造像之外，镌刻或模印有文字或图像的非石质材料如古陶、古砖、古瓦当、古印章、古封泥以及甲骨之类，都归入石刻范畴。狭义石刻主要为摩崖、碑碣和造像三大类型。摩崖以观览题名、游记及题咏诗词之属多见，亦有纪事铭功之文，书法各体兼备。碑碣运用极为广泛，举凡官府、民间用以昭示者即用之。造像主要为佛教、道教以及民间俗神摩崖（雕）造像。广西古代石刻门类众多，形色神采各异，广泛涉及文化、经济、政治、军事、民族、民俗、宗教等各方面，是区域历史直观且翔实的重要文献，同时又具有书法、绘画、镌刻等方面研究和欣赏价值。石刻出现、消长，以及题刻地点分布、变化等，无不反映区域文化兴衰和时代演变。妥善保护这笔文化遗产，具有重要社会意义；整理石刻文献，使之为史地研究发挥作用。

第一节　石刻源起

传统金石学"粤西金石文字，以龙编侯砖为最古"。汉文化迅速传播，影响所及，石刻作为文化思想最重要的一种载体迅速出现于广西。传统金石学时期，广西最早刻石文字为东晋永和六年（350年）的晋龙编侯墓砖文，之后编录入嘉庆《广西通志·金石略》为首篇，有"粤西金石文字，以龙编侯砖为最古"之说。

莫龙编侯墓砖铭文"永和六年太岁庚戌莫龙编侯之墓"，东晋永和六年（350年）十一月制。墓砖高32厘米，宽6厘米。阳文，14字，隶书。嘉庆《广西通志·金石略》《补寰宇访碑录》《汉魏南北朝墓志汇编》著录，国家图书馆拓本为清人姚景庭旧藏。莫龙编侯墓在梧州府苍梧县多贤乡（今夏郢镇）凤凰山，清乾隆四十五年（1780年）因山体塌陷暴露，墓砖出土。嘉庆四年（1799年），梧州邓建英将铭文砖送致广西巡抚谢启昆，遂编入《广西通志·金石略》之首。提要云："永和六年太岁庚戌莫龙编侯之墓。（真书，径一寸许。凡金石文皆以营造尺度之。）右墓在苍梧县多贤乡凤凰山，乾隆庚子山陷，有隧道如狭巷，居民循之入，道尽得堂。堂之前有石案，案上置铜镜一、铜器一。器类盥漱者。堂列三门，砖封之。砖上有文云云。居人知为古冢，遽掩之。其镜与器皆为人得，间有藏其墓砖者。砖径一尺许，字在其侧。案：汉晋皆有永和之号，庚戌则东晋穆帝六年也。是时林邑人范文攻日南、九真，交趾用兵，莫氏当以战功得侯，然名字事迹于史无所考。龙编汉县，隶交趾郡。吴士燮为交趾太守，后封龙编侯。晋义熙七年，杜慧度亦以交州刺史侯龙编，子宏文袭爵。莫氏前后百余年间，封龙编者盖三人矣。（士氏之先避地交州，慧度交趾朱鸢人。）《苍梧志》载士燮墓，无莫氏墓，故人知有士燮而已。"同治《苍梧县志》并采《广西通志·金石略》及杨翰的考证。

当代考古证明广西石刻始于东汉时期墓葬砖铭文砖。兴安县石马坪1984年发掘20号石室墓出土模印"永平十六年作"纪年铭文砖（永平十六年，公元73年），是目前发现最早年代的石刻。此外，贵港市罗泊湾汉墓出土有"万岁"瓦当、"左夫人印"玉印、"家啬夫印"封泥、"秦后"印戳等汉代铭文。灌阳县黄关镇金盆形村晋墓"太康七年六月囗日""太康八年品"，梧州市富民坊晋墓"永嘉六年壬申富且寿考""永嘉六年壬申宜子保孙""永嘉中，天下灾，但江南，皆康平"，钟山

● 龙编侯铭文砖

县红花乡西岭晋墓出土"永嘉六""月己卯作""富县贵",兴安县界首镇百里村晋墓"永和十一年太岁乙卯文""升平四年七月三日文",兴安县界首镇野鸡冲晋墓"泰(太)和五年七月陈立""泰(太)元四年七月廿三日蔡""张参军"。这些与莫龙编侯墓相先后的墓砖主要出现在桂北、桂东区域。之后,柳州区域也有东晋安帝义熙十年(414年)墓砖(铭文"义熙十年石伯生造""义熙十年石僧盛造"),可见使用铭文砖的风习传入并迅速为广西相当区域所接受。

南朝广西石刻以陪葬于墓穴中的买地券为主。自民国二十七年(1938年)《欧阳景熙买地券》在桂林观音阁出土,直至今日,各地博物馆和文物管理所收藏南朝时期买地券共有10件,其中宋1件、齐4件、梁5件,出土地点集中在桂林和柳州两地。

至迟在隋朝,广西石刻已有明确的事证。开皇十年(590年)昙迁南游广西,在桂林普陀山七星岩洞口题刻"栖霞洞"榜书,是可指认具体所在的摩崖实物(今已毁)。隋大业五年(609年)《宁越郡钦江县正议大夫之碑》(简称《宁赞碑》),清道光六年(1826年)在今钦州市久隆乡新明村石狗坪出土,金石学界称为"粤碑之冠"。典籍记载隋碑,洪武《古藤志》记岑溪县"孝感祠,在岑溪县东三十里,即孝子兰故居。乡民以木母著灵,因共神之,水旱疾疫,祷焉辄应。祠毁于隋,有碑没于水,故谚曰'里名胜母曾参避,见说丁兰在此村。可惜石碑沉水底,诗人不得细推论'"。

上述广西石刻出现之始,由实物存证、考古发掘印证。此外,

● （隋）宁赞碑

古代典籍有关记载，可以辅证石刻源起的认知。

宋代《舆地纪胜》贺州卷记载有"龙母庙秦古碑"，是典籍记载广西最早的石刻，从历史证据看，秦代的文字刻石广西尚未出现。

东汉伏波将军马援（公元前14年~49年）立碑的记载见于宋初《太平寰宇记》：

鬼门关在北流县南三十里。有两石相对，其间阔三十步，俗号为鬼门关。汉伏波将军马援讨林邑蛮，路由于此，立碑。石龟尚在。晋时趋交趾皆由此关。其南尤多瘴疠，去者罕得生还。谚曰："鬼门关，十人去九不还。"唐宰相李德裕贬崖州日，经此关，因赋诗云："一去一万里，千去千不还。崖州在何处，生度鬼门关。"

此事又见于宋代《舆地广记》《舆地纪胜》相承传录。东汉时期，中土碑碣刻制已颇为兴盛，见于史籍记载，并有实物存证。马援经广西鬼门关时刻碑以铭事功，正与时代风气相合，是值得注意的文献记载。

陆绩作《浑天图》是出任郁林太守之时，地点在显朝冈。陆绩（187~219年），生活于汉末三国时期，字公纪，吴县（今苏州）人。博学多识，通晓天文历算，曾作《浑天图》，注《易经》，撰《太玄经注》。东汉建安十三年（208年）赤壁大战后，陆绩任郁林郡太守。《太平寰宇记》记载："显朝冈，孙权统事，陆绩为奏曹掾，以直道见惮，出为郁林太守，加偏将军。绩意在儒雅，虽有军事，而著述不辍。每造此冈制《浑天图》。"依据中国国家数据库古文数据中心的介绍，《浑天图》是古代天象图，用于古代风水占星，为三国时期吴国人陆绩所作。文献来源于《开元占经》，主要内容为"魁星第一星主徐州，第二星主益州，第三星主冀州，第四星主荆州，第五星主兖州，第六星主扬州，第七星主豫州"。至于《浑天图》的载体，未见明确记载，不排除以石刻图的可能。此后，东晋著名军事将领陶侃（259~334年）任邕州太守，《太平寰宇记·邕州·乐昌县》记载："陶侃既开此郡，贡赋由是日盛，有陶侃碑。"碑的内容已无法可知，以当时碑碣之用，大约与铭刻功德有关。

编纂于宋代早期的《太平寰宇记》文献来源多据晋、唐时期的地记、图经之类文献。此时去汉、晋未远，马援碑有至迟宋初时尚有实存遗留（"石龟尚在"）的记载，这无疑是广西石刻源起的重要辅证。

第二节 石刻分布及数量概略

广西古代石刻起源不晚于东汉，自此潜滋暗长，至于唐代石刻区域分布相当广泛。不仅当时重要城市如桂州（桂管）、柳州、容州（容管）、梧州、邕州（邕管）刻碑已是普遍现象，即使相当边远之地也有出现，可见石刻之风不择地而生。有关统计认为广西境内唐代石刻近百件，保存至今者约有30件，形制多为摩崖，碑碣有4件。石刻内容事关职官名录、纪功述德、寺观兴建等，又有游观题名题记、景观题榜。上林《六合坚固大宅颂》《智城碑》，桂林《平蛮颂》均为反映唐朝时期广西民族关系的重要物证，沈传师书韩愈《柳州罗池庙碑》是唐代书法史上的名作。唐代莫休符《桂林风土记》记载：隐仙亭"有从事皇甫湜、吴武陵撰碑碣三所"，开元寺震井"有前使褚公亲笔写《金刚经》碑，在舍利塔前"，延龄寺"寺有古像，征于碑碣，盖卢舍那佛之所报身也"，桂州陈都督"遂特除桂州都督，今府署大厅壁记且列名氏"（即职官题名碑），訾家洲"有大儒柳宗元员外撰碑千余言犹在"。《舆地纪胜》辑记大量唐代碑碣，官府刻立以铭记昭示，有吴武陵《阳朔县令壁记》，元结《奏免科率状》刻立于容州官衙，贺州有"《幽山丹甑记》，大和五年李郃撰"。柳宗元《飨军堂记》刻碑，同时见证于文末之语："愿勒于金石，以永示后祀。遂相与来告，且乞辞。某让不获，乃刻于兹石云。"《容管经略刺史题名记》载录"名氏二十九人"。唐代广西各州宗教寺观大量兴建，刻碑以纪事，容州景星寺有开元四年（716年）范阳卢藏用题铭并序，《舆地纪胜》记载"碑刻甚丰"。

山水名迹题刻唐代已经出现，尤多见于官宦文人游居之地。元结居寓梧州，题冰井铭，见于《舆地纪胜》。又有洪武《苍梧志》记载："冰泉，在城东二里，出于山下，广三尺，深五尺，澄湛不涸，味甘。郡人瓶绠相继，往取是泉。唐大历三年，容州刺史兼经略使元结过郡，目之曰'冰泉'，乃撰铭序，勒于岗石。"（大历三年，即768年）建中元年（780年），桂州刺史李昌巙整治南朝宋始安太守颜延之读书岩洞，郑叔齐为此有《独秀山新开石室记》。此后，王淑于贞元六年（790年）虞山题名，李渤、李涉兄弟宝历二年（826年）有南溪山题诗，元晦会昌四年（844年）叠彩山、四望山题刻先后出现。柳宗元《柳州东亭记》有"既成，作石于中室，书以告后之人庶勿坏"之语，可知当时亭台楼阁修建，多有碑记相随为之点染山水。柳宗元又有《邕州马退山茅亭记》，见于《舆地纪胜·碑记》。《寰宇通志》记梧州府隐仙石室"在古州潭石上，刻'元和十四年来游'字，余不可辩"。宋代《西瓯图志》："将军洞，一曰飞鼠洞。在博白县南三十里。其洞三重，石室虚明，中有石田、石龙、石粟。有泉分温凉而流。有刻石'南州大首领将军庞孝泰'十字。"诸如此类，游观题记题名之风，自此延绵千年不歇，成为广西山水观赏文化极为丰富的载体。

佛教摩崖造像，唐朝初期以桂林为数众多，现存160余龛，近600尊。主要分布有西山摩崖造像、龙头峰摩崖造像、千山峰摩崖造像、骝马山摩崖造像、伏波山摩崖造像。此外博白宴石山西面朝向南流江崖壁，有唐代摩崖造像1龛7尊，推测为唐代早期作品。

五代时期石刻内容多涉及宗教，有容县都峤山南汉乾和四年（946年）陈亿撰《五百阿罗汉记》、博白宴石山南汉大宝二年（959年）刘崇远《新开宴石山记》，桂林后唐天成年间（926~929年）马賨《金刚经》碑、桂林金山龙泉寺遗址南汉乾和十一年（953年）摩崖佛教造像。《舆地纪胜·浔州·碑记》："南海乾和白石秀林之记，（南汉）乾和三年岁次乙酉，奉敕镌玉皇仪像，侍卫九躯，并修金箓斋庆赞记，臣吴可一撰。"（乾和三年，945年）。又据引《太平寰宇记》记都峤山八叠峰石室"南洞宽坦，中刻浮屠大像，仪制甚古"。洪武《梧州府志》记载："四门岩，在怀集县石疆场三里。石山突起于平地，有石室，外有四门，方广数十丈，内列佛像。宋天圣间，有僧乞名为四门岩。普贤寺，去县四十里。"陈垣先生《明季滇黔佛教考》所云："人当得意之时，不觉宗教之可贵也，惟当艰难困苦颠沛流离之际，则每思超现境而适乐土，乐土不易得，宗教家乃予心灵上之安慰，此即乐土也。故凡百事业，丧乱则萧条，而宗教则丧乱皈依者愈众，宗教者人生患之伴侣也。六朝五代，号称极乱，然译经莫盛于六朝，五宗即昌于五季，足见世乱与宗教不尽相妨，有时且可扩张其势力。"这一时期宗教碑刻和佛教造像集中出现，显然是与社会情势有紧密联系。

造像今存多为摩崖，实际唐、五代至宋代，有以铁铸像。《舆地纪胜·郁林州·景物》紫阳岩"在博白县，有刘崇远所造铁像"。又有以木雕造佛像，《舆地纪胜·宾州·仙释·宁寿寺观音》记庐陵人刘彰宿于宁寿寺，"堂上有木观音，丹粉雕落，命工新之"。只是木雕材质或易朽，铁像久已无踪，不如摩崖造像，虽久经风雨飘零，犹多有存世。

宋代的广西石刻发展极为兴盛，石刻（主要为摩崖）保存至今者约有700件，年代与宋朝历史相始终。宋代桂林称"西南会府"，又为山水胜迹之区，官宦文人往来寓居，摩崖石刻数量极多，现存约有500件，分布市区内23座山峰上。题刻之盛，清人叶昌炽《语石》称"诸山无一处无摩崖，唐宋石刻，莫多于此"。

● 龙隐岩题刻

龙隐岩、龙隐洞摩崖最负盛名，现存宋代石刻至少110件。明代张鸣凤《桂胜》有"宋游最盛，镌题之众至环两岩，使壁无完石"之语。融水真仙岩为宋代石刻荟萃之地，据晚近统计目录宋代石刻有97件，实际数不止此。咸平二年（999年）宋太宗榜书"西江""颐堂""瑞云""精忠"，绍兴十九年（1149年）司马光《风火家人卦辞》和《布衾铭》，乾道元年（1165年）张孝祥"天下第一真仙之岩"等，是宋代君臣的书法名作。《元祐党籍碑》事关宋代党争，为历代学者所重视。儒、佛、道图像碑有圣行颜随像（孔子像）、元皇大帝像、老子像（以毛友临北宋内阁藏孔子像缣素本摹刻）、真武像、北斗七元星像，是三教普世化的集中体现。又有苏东坡、黄庭坚人物像（今存宋代题"苏黄像"旧拓），以及绘刻真仙岩自然、建筑景观名迹的杜应然《融州老君洞敕赐真仙岩之图》、甘有立《融州老君洞图并赋》等。柳州宋代石刻主要分布（存藏）在柳侯祠、马鞍山、鱼峰山、驾鹤山、陆道岩等处，现存近三十件，其中名碑如苏东坡书韩愈《柳州罗池庙碑》末段歌辞，嘉定十三年（1220年）刻立于罗池庙，称为《荔子碑》。灵山县三海岩自陶弼题诗序之后，宋人刻题开始出现。如此种种，游观题刻在广西各城市广泛分布，是区域经济和文化发展的重要物证。

文人题名题记唐宋以来已成时尚，抒发友侣之情，朋辈之欢。后来文人士夫追随寻访，其情有如叶昌炽所云"野寺寻碑，荒崖扪壁，既睹名迹，又践胜游"（《语石》）。游观风气之盛在桂州（静江府）、融州、柳州、梧州、容州等城市见证于诸多题刻。内容大多为山水纪游题记，或诗或文。因登高而筑路，为观赏而建亭，官民优游山水之情见于柳州知州丘允《仙弈山新开游山路记》：

唐柳子厚记柳州山水近治可游者，惟仙弈为尤详。曰：山之西可上，其上有穴，穴有屏，有室，有宇。其宇下有石，如肺、肝、茄房、人、禽、器物者甚众。又曰：北出其上，有石枰，黑肌而赤脉,十有八道,可弈,故以云。今其西侧天宁寺枕其麓;寺之背岩石巉绝,莫可攀援,乌在其可上也。岂岁久湍驶,而凌谷非昔者耶?余至治久之,每欲陟焉,以迹其实而未暇,盖亦病其路之莫通也。主僧昕师可人,逆余意,凿石填罅,芟除榛莽,循山诘曲,凡八九折,以通道乎其上。以步计之,一百九十有五,其广寻,又于其中间作小亭以憩焉,因以命之。由是每岁方春,卉木葱蒨,景候容与,则都人士女,咸乐以游其巅,纵览徜徉,熙熙焉各适其适。环观子厚遗迹,历然在目,想见其人,犹畴昔焉。吁,足嘉也。故书之石壁,以识其岁月云。靖康改元三月望

(宋)赵思邈《重修三相亭记》摩崖

日福唐丘允记，天宁住持传法净悟大师觉昕立。

　　山水纪游题刻之外，宋代还多有铭功述德、诏书敕文、晓谕告示、营缮纪事等内容的石刻。《舆地纪胜》记载柳开知全州，招致溪洞粟氏"赋其居业，作《时鉴》一篇，刻石戒之。"民间有关家族、田地、祠产等兴建、维护事宜，也刻碑以为凭信。这些碑刻也往往择山水名迹之地摩崖于壁，或立碑，易为游观民众知晓，以达教化之实。如皇祐五年（1053年）分别刻于桂林铁封山西面山崖之上和月牙山龙隐洞口的《大宋平蛮碑》和《平蛮三将题名》，元祐党人后裔庆元四年（1198年）重刻于桂林龙隐岩的《元祐党籍》摩崖，嘉定四年（1211年）重刻于融水真仙岩的《元祐党籍碑》，宝祐三至四年间（1255~1256年）宜州古城峒的《宜州铁城记》《宜州铁城颂》，开庆元年（1259年）桂林宝积山的《抗元纪事碑》，景定二年（1261年）来宾蓬莱洲的《象州故治修城碑》，咸淳八年（1272年）刻于桂林鹦鹉山的《静江府城池图》《静江府修筑城池记》。

　　宋代广西摩崖造像数量远不及唐代，分布区域向桂西南扩展，造像题材和内容有所增加。在桂林市叠彩山（摩崖造像）、融水县真仙岩（五百罗汉、观音）、鹿寨县高岩、宜州区会仙山（白龙洞摩崖造像）、贵港市南山寺（弥勒佛造像）等处佛教摩崖造像中，出现菩萨和罗汉造像。田东县八仙山崖壁上有道教摩崖造像。这些造像出现的轨迹和分布是佛教、道教流传广西，形象相较于文字更易于直入人心，是民间普遍接受的重要凭证。宋代摩

● 桂林龙隐岩《元祐党籍碑》

崖造像数量不及唐代，这一时期儒佛道三教绘刻图碑的出现，是与民间瞻敬方式的变化有关。

唐代起广西各地已多见为名贤塑像或绘刻碑图以供瞻仰。唐代柳州柳宗元石刻像，见于《柳州路文宣王庙碑》跋语："柳侯真像唐时刻石罗池，柳人事之如生。宋末，柳州移囗（治）于此，奉石像以迁焉。"唐初名将李靖生前封为卫国公，死后成为著名的"武庙十哲"列于国家祀典。此后各地民间出现李卫公庙宇，供奉为"掌管天气"之神。据洪武《古藤志》记载，岑溪县就有李卫公庙祀二处："东山庙，在水东二里，庙祀李卫公靖。"又"李卫公庙，在县西北半里"。《古今过化人物》记载："李卫公靖，以武德初为桂林道大总管，南巡过此有遗爱，故庙食至今，累封至辅世忠烈广惠王，州民有祷必应。其忠烈载在青史，阴功具见碑文。"彭传《重修李卫公祠堂记》撰于熙宁四年（1071年）二月："己酉仲春，予假守连城郡，视事之三日，吏白谒祠下，挹公之英风忠烈如存焉。然而栋橑圮腐，不蔽风雨，神像肃然，丹青莫辨，于是命工完葺之。前敞其庑，以严祠事，后重其室，以覆新像，庶几进礼于其祠者，荐享兴俯，中其仪式，而不敢渎矣。"又"公之盛德茂功，卓荦伟绝，乃能不以远方之故而示以礼谊遗爱，至于今数百载可谓盛矣"。据此可知，李卫公祠堂并神像供奉已久，与史载唐末五代时期各地祭祀李靖庙宇的时间相符。

到了宋代供祭名宦乡贤盛行，形成风气。舒勉《梧州六贤堂记》云："即黉舍塑六贤之像，并以其本末刻之于石，使学者岁时具香火，谒先圣已，则退而旅拜六贤于祠堂之下，瞻其像，想见其风采，而生希慕之心，如在乡党焉。其敦劝诱掖，可谓至矣。"六贤堂为绍圣二年（1095年）知州李亨伯修建，以供瞻仰。洪武《容州志》引南宋嘉定元年（1208年）《五贤堂记》云："唐代宗时，有元次山，身谕夷首，绥定八州。""建炎间，有王庆曾思慕元子，刻其仪表以便观省，蠲免科租，刻石犹在。""是五贤者丰功实德，著在青史，荡人耳目，岂易得哉。""我公既至，念其湮微，鼎而新之，塑其像而祠之，信五贤守之不易得，如凤鸣朝阳，麟游林薮，为治世之嘉瑞也。"刻元结"仪表"于前，塑五贤之像而敬祀于后。《舆地纪胜·藤州·景物·光华亭》："在州城外北隅，建秦观祠堂，刻其画像并其文于石。"宋代融州真仙岩内，有苏东坡、黄庭坚刻石像。

元朝广西有大约50件石刻，主要分布于今桂林市、南宁市、柳州市、贵港市、来宾市、融水苗族自治县、兴安县、全州县、灵川县、北流市、合浦县、钟山县等10多个市、县。桂林有30余件，为主要分布地。保存至今内容重要的碑刻有桂林文庙藏梦解《释奠牲币器服图记》、邝奎《释奠位序仪式图记》、杜与可《静江路修学造乐记》、元顺帝《圣旨碑》，柳州有刘跃《柳州路重建灵文庙记》、至元刻柳侯像、陈懋卿《柳州路文宣王庙碑》，融水真仙岩摩崖元泰定三年（1326年）《融州平瑶记》等。蒙古族官员书刻诗文和题名，桂林有都禄弥释海涯等《游七星岩题名》、必申达儿《普陀岩题记》、妥妥穆尔允中《叠彩山记》，柳州有哈刺不花《游马鞍山题名》，北海有伯颜《海角亭记》，贵港有燕帖木儿《重修南山寺记》等。

明代，广西石刻数量统计资料现存至少700件，实际数量远远不止。全区40多个市、县均有分布，主要在桂林、融水、柳州等地，而其他地区如灵山县三海岩自明代初至崇祯初年间就有山水纪游摩崖70余件。各地游观类题名题诗存量大，各地名景之外多有题刻，如桂林靖江王府内独秀峰上，历代靖江王所书刻摩崖有10余件。碑碣类数量极大，而墓志、墓碑实际存量无法统计，仅能就出土物列入数据。靖江王陵墓今出土墓碑、墓志共计48件，墓主有靖江王和王妃、夫人，也有将军、中尉、县君等人物，还有王府官员、宫媵等。明代是广西土司制度发展全盛时期，许多民族聚居地区保存有记载经济、文化活动的石刻，数量众多，内容丰富且形式多样。凌云县钓鱼台，有泗城第十七代土司官岑绍勋与其次子岑云汉于万历二十八年至天启元年间（1600~1621年）所刻诗文石刻12件。马山县那崩山、题诗岩、五梗隘、白马山及平果县八峰山，均有思恩土司官岑瑛于宣德至成化年间题写的榜书石刻。大新县穷斗山有一处由茗盈土州李氏土官镌造的摩崖造像群，分布于洞内四壁，计有30余尊，土官、官师与观音、仙侣、醉仙并列其间，现实执掌者与神祀合供一处，其宣导的意识可知，且富有浓郁的民族色彩。

明代广西民族融合比较曲折和复杂，大量石刻涉及有关重要史实。柳州市、桂林市、桂平市、隆安县、马山县、上林县、鹿寨县、阳朔县、永福县、田阳县、钟山县、宜州区、武宣县、忻城县等10多个市、区、县留存40多件"平蛮"石刻，是事件始末原始记录。这些石刻用于铭功纪事，往往大书深刻于崖壁，或立碑于有择选胜迹景观之地，如乾隆《柳州府志·古迹·融县》："融民归附碑，在真仙岩内，明洪武四年勒石。"钟山县公安镇塘贝村丹霞观的《平蛮封地碑》，洪武二十五年（1392年）刻立。形制巨大的有万历三十四年（1606年）书刻于桂林普陀山省春岩的杨芳《思明府纪事碑》（高8米，宽6米）。忻城县古蓬镇白虎山的卧仙岩和回春岩有石刻10余件，为广西征蛮将军王尚文与征蛮总兵刘尧诲、副总兵张祐等14人于万历八年（1580年）的纪功诗文。

广西清代石刻最称繁盛，保存数量最多，分布范围遍及广西各地。清代石刻之多固然有时期往后，革故而更新之因，更与政治、经济、城市、人口等方面紧密联系。据不完全统计今存石刻至少2000件之上。数据统计之外，各地城镇和乡村中晚近仍然不时有碑刻被发现（以清代最为多见），大多是捐资建置、修桥铺路、民间禁约、家族谱系、官府文告等反映社会基层生产和生活内容。此类民间随时而刻立的碑碣，数量之大，可以估计而实际无法统计。笔者随遇而见的桂林马秉良《云谷琐录》有不少兴建事实而刻石立碑的记载：

余祖徵祥公，讳兆麟，叔祖仁圃公，讳钟麟，于乾隆二十五年迁居省城，同怀协志，精理贾业。二公生平好善，凡有善举无不勇为。曾于南乡陟河独建石桥一座，并砌附桥石路数十丈以利行人，桥侧竖碑，以记岁月。

余在南乡良丰墟开设盐埠，城乡往来，因见沿途官道多有崎岖，肩舆负贩步履维艰，于是连年迭经劝募重修大小石路千有余丈，行人称便。太和墟竖立石碑二块，文昌门新硚外竖立石碑一块，均列众善捐数姓名。

戊子岁科场后呈请劝捐增建号舍，于己丑四月兴工，至辛卯年七月工竣，随经创建童试考棚，添建经古书院，重修独秀山庙宇，至十三年春各工完竣。遂将各府州县缴回捐簿逐一汇齐，查录捐数姓名，核实工程经费，刊碑三十块，竖立西贡门内，并将祁抚宪、郑藩宪所作贡院、书院记文敬勒贞珉，以垂不朽云。

修西关外五里墟上下田间官路数百丈。十七年仲冬，各工完竣，共费二千有奇。即于路侧建造碑亭，竖碑数块，镌勒众善捐输数目。梁抚宪亲书题名，用垂不朽。

这些随笔所录碑刻，有些见载于志书，未记失录亦复不少。

山水纪游的摩崖仍然是清代石刻的主题，题榜和题字刻盛行。南宁市雷婆岭侧岩壁镌刻自嘉庆二十四年（1819年）至清末的摩崖石刻43件，龙州县紫霞洞42件摩崖，柳州立鱼峰岩壁多处景观题刻，大多是景观题榜。道光十四年（1834年）王元仁阳朔碧莲峰镌刻的草书"带"字（高5.72米，宽2.91米），据传"一带山河，少年努力"暗含其间，被誉为清代广西最著名的榜书石刻。宜州区白龙洞口石壁石刻诗碑，是咸丰十年（1860年）"天京之变"后，石达开西进途次与其部将共13人唱和诗刻，为太平天国历史重要遗证。中法战争后广西提督苏元春奉清政府之命，驻防连城要塞。凭祥连城屯东面山腰白玉洞，有摩崖石刻48件，苏元春有《一大垒城》榜书并记等，是反映中国人民抗御外侮、保卫家园的历史遗迹。

广西古代石刻门类还有一种刻帖（帖本），至迟宋代也已出现。据《舆地纪胜·贵州·景物下》记载，"莲巢亭，在郡治莲池之北，有东坡书帖刻石"。当年苏轼从藤州溯江而上由浔州抵贵州（今贵港市），访见以孝闻名的梁诏。《舆地纪胜》又记东坡题梁诏母亲墓亭为"甘露亭"，又"薰风亭，梁诏有读书楼。东坡易名曰'薰风'，扁皆东坡亲染"。《舆地纪胜·人物》梁诏传并记东坡所题"墨迹尚存"。莲巢亭"东坡书帖刻石"有可能是以在贵州（今贵港）题写的书法上石，因当时以名人书札刻石之风在广西并非孤例，还有宜州黄庭坚法书刻帖石本。黄庭坚贬宜州，栖身戍楼。通判余若著以山谷似汉代党锢之祸范滂等贤臣，因请求书《后汉书》中《范滂传》。此为山谷先生法书神品，纵横开阖，雄放飘逸，实为中国书法瑰宝。《舆地纪胜·宜州·景物》："南楼，山谷先生旧有祠堂在南楼之东，刻山谷亲札《范滂传》，其石刻并载于城楼上。"又有山谷宜州借钱帖简刻于宜州，《范滂传》刻于九江之说，见道光《庆远府志》汤崇德《山谷居宜州帖》记载"宜州旧有借钱帖简士夫刻石置楼上。字画宛如龙跃天门，虎卧凤阙。后为署郡守赵玉麐舟载去，宜人至今憾之"，又"先生所书《范滂传》，赵忠定得之，宝置箧中。嘉定壬申忠定之子崇宪守九江，刻石郡治"。清代以来，所见帖石较多属文人雅玩之属，绘刻山水胜景。清代桂林画家罗辰有《桂林山水胜景》刻帖，左江道孙楫参据罗辰帖本重刻为《桂林十二景模本》。永福李吉寿于光绪四年（1878年）抚刻《梅花馆扇帖》四卷，辑明人扇面为丛帖，著录于容庚《丛帖目》，历代以扇面刻帖见于记录仅此一种，尤有创意。

罗辰桂林山水胜景刻帖。清代桂林画家罗辰（1770~1844年），字星桥，别号罗浮山人。幼年随父萍踪浪迹，好读书且尤喜驰马试剑。大约嘉庆二十五年直到道光十三年（1820~1833年）前后，罗辰大多时间寓居广州，入两广总督阮元幕。主宾之间关系融洽。闲暇无事之时，阮元、罗辰以及"二三宾佐，弹棋读画，说鬼谈谐，备极诙谐"之致。道光十一年（1831年）七月，一直在罗辰心中盘桓多年的《桂林山水》组画呼之即成，在广州付之刊版。题识"桂林山水，星桥罗辰绘"。孙枟《余墨偶谈》记载："粤西岩洞，美不胜收，桂林名士罗星桥先生辰刊有《桂林山水图》一册，诗画双绝。游山者手携一编，可为助胜之具。余《桂林杂咏》一首云：'桂林山水特离奇，说与游人半信疑。赖有星桥一枝笔，无声诗写有声诗。'即谓此也。"返归桂林之后，罗辰又将《桂林山水图》诸景刻为帖。拓本存图19幅，今藏于桂林图书馆，帖石则未知何处。同里粟楷有诗记星桥晚年景况，颇得其精神风貌："曾作侯门座上宾，归来犹耐旧时贫。芙蓉池馆闲风月，小隐杉湖老此人。"

孙楫《桂林十二景模本》。光绪年间，左江道孙楫有《桂林十二景模本》刻帖，李彦奎绘，刘庆崧书，光绪十七年（1891年）三月孙楫刻制。帖石是否存世不可考。笔者仅见存拓本一册，另有国家图书馆收藏一册。帖本折装，尺寸：32.5厘米×39.7厘米，摹刻桂林风景十二图：尧山、虞山、独秀山、伏波山、开元

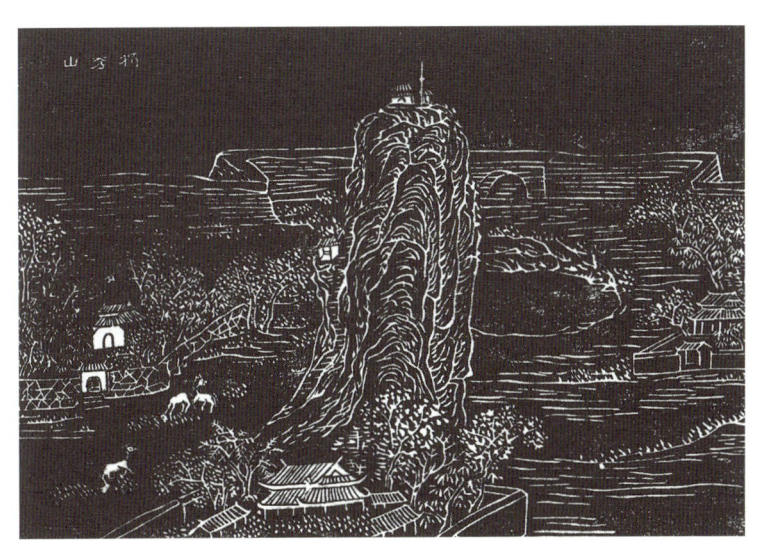

● (清)罗辰《桂林山水》独秀山

寺、七星岩、象山、夕阳洞、叠彩山、隐山六洞、木龙洞、华景洞。各图并附景观说明及题咏诗一面。首页题识:"庚寅秋在桂林见旧榻本日久漶漫,思重摹之。比来南宁,迄未暇。及今将受代,爰属友人李澹泉彦奎画、刘瓶孙庆崧书,付之手民。半月工毕,顿复旧观,亦快事也。辛卯三月济宁孙楫题。"钤阳文"孙楫印信",又阴文"驾航"印。辑刻者孙楫(1827~1899年),字济川,号驾航,山东济宁人,咸丰二年(1852年)二甲二十名进士,入翰林院。散馆考试时,以遣词不当被置于二等,官内阁中书。孙楫家世显赫,可称"山左之冠"。先后历礼部主客司郎中、福建道监察御史、陕西道监察御史、工科给事中、户部给事中。外任广东盐运使、雷州府知府、广州府知府、广西左江兵备道，升湖南按察使，官至顺天府尹。在左江道任上有题咏诗，刻于昆仑关山壁："远山近壑护周遭，侬氏当年缔构劳。一自雄关夺元夜，至今遗垒峙晴皋。金风飒爽旌旗肃，邕管峥嵘锁钥牢。愧我临边持绣斧，菲材敢负圣恩高。"款识"光绪庚寅左江道兵备济宁孙楫题"。此诗传散，颇邀京中友人称赏，翁同龢有《为孙驾航题昆仑关题壁图即送其之湘臬任》，由此引出翁、孙两家迭章咏唱。

● 孙楫刻《桂林十二景》隐山六洞

《桂林十二景摹本》书、画两家是孙楫广州知府任上结识的著名艺人。江西南城刘庆崧（1863~1920年）字聘孙，久寓广州，师从安徽篆刻大师黄士陵，颇传黟山遗风，事迹见于《广印人传补遗》。画人扬州李彦奎（1840~1913年），字澹泉，久居广州。孙楫与书、画二位有交谊，题识称之"友人"。光绪十五年（1889年）九月二十二日，孙楫任广西左江道，道经桂林时，有行书《饮南熏亭诗》刻于虞山。刘庆崧、李彦奎两人随孙赴任。《桂林十二景》题识"旧榻本"即罗辰《桂林山水图》刻帖。孙楫从罗辰《桂林山水》帖本择选十二景重刻。景观说明文字与旧拓相较绝多相同，只个别字词偶有改易之处，如《独秀山》的"山谷云"改为"鲁直云"。题咏诗全文照刻，题款易除罗辰题名，在画面页或景观题咏页分刻画人李彦奎、书家刘庆崧字、号及闲章等。《尧山》咏诗页钤阳文"聘孙诗书画印"，又阴文"刘庆崧印"。《虞山》画页题下刻"卡（叔）士"阴文小印。《独秀山》画页有"甘泉李氏庆奎"阴文印。《开元寺》刻刘庆崧"辛卯年三十岁"印。这样一来，如果不清楚罗本与孙本两者之间的关系，咏诗属何人所作不免存疑。《桂林十二景摹本》既传景物之真，又含艺术之美。虽然依从旧拓，但并非全照"旧榻本"摹勒，而是重新绘刻。从画面取景角度、入画景致，特别刀法刻工的明显有别，可以看出两者异同之处。这是艺术再创作，不是简单"依样画葫芦"。《华景洞》两家图取景位置相同，区别在刀法之异。孙楫本刻法取冲刀之势，其效果与罗辰披皴的连绵有别。画法刀工之异《象山》图中区别明显。孙楫帖本刀法多取纵向，罗辰则以横刀刻。左下竹林的刻法，孙本也更显得疏朗爽致。《独秀山》图，可见取景位置略有高低之不同。孙本入图景致稍为宽展，城墙画法逶迤飘然，更富写意之趣。

广西古代的碑碣摩崖代有镌刻，毁佚亦随之。自然风雨浸蚀，文字多漶漫不清，以至于磨灭殆尽。碑碣以时移世易，移出毁弃，或沉埋，久无踪迹，此情形极为多见。名人名碑有柳宗元《柳州文宣王新修庙碑》"丽牲有碑，刻在庙门"，刻石立于孔庙（即柳州州学，庙、学合一）。至南宋时尚存，《舆地纪胜》"柳州文宣王新修庙碑，柳子厚文"；又《柳侯遗碑》"学有夫子庙，盖子厚亲笔，久仆无闻。淳熙己酉太守赵彦礼复得旧断碑并盖于学宫草莽间，遂龛于郡治明秀堂"（"遗碑"即文宣王庙碑）。南宋时期柳州刻碑集置于明秀堂，《舆地纪胜·柳州·景物下》："明秀堂，在郡治，王初寮扁。堂中龛石刻甚富。"此记载又见于《方舆胜览》。咸淳元年（1265年）柳州移治柳城龙江之后，碑刻遗失无闻。相比之下，摩崖毁损虽亦严重，因不可移除，故而相对留存较多。有关文献（以历代旧志为主）记载，广西唐宋元时期的碑碣，留存于今为数极少。金石目录或调查统计所得，实际只是当时石刻数量的一小部分（详见第四章）。

历代碑碣所在或为文博馆，藏民间寺院、宗祠等处；或分布于旧城街巷、乡间村落并田畴四野，不少为遗存散落状况。各地调查方式，深入程度或有不同，得出的石刻（主要是明代至清代）统计数字未能反映实际数量。笔者以多年来在有限区域内寻访所见，实存碑碣摩崖仍有许多一直未有文献记录。这些石刻有出于寻访之难，僻在远隐，颓垣之下或荒藤蔓草之间，扑碑残碣，往往有之，亦有在明显之处，已安置于碑廊之下。石刻保存状况不一：清晰醒目者少有，而漫漶残损，或尘蒙积垢较多。考察发现三江侗族自治县丹洲村（明万历十九年，即1591年怀远县移治于此，1914年改名三江县，1932年县治迁往古宜）碑廊存书院碑、文庙碑、义会碑、柳州府告示、丹洲防火会碑等十余通清代、民国碑刻，城外天后宫妈祖庙嘉庆、道光年间"福建会馆碑记"，东城门拱洞道光二十六年（1846年）《补修怀邑城厢道路碑》《怀远县总图、怀远县城图》。笔者二十余年前得见《三江古代碑刻录》稿本一册，著录碑刻有：《坪坦封禁》、《限禁碑记》、《奉宪禁革》、《亘古千秋》、《修路碑》、《重修古路碑》、《重修路碑》、《三王宫增修碑记》、《永垂不朽》、《流芳百世》、《钱粮额定碑》、《条规碑》、《奉宪裁革》、《封山碑》、《重修天后宫碑》、《老堡义学碑》、《老堡口石门渡碑刻》、《官清民乐》、《宪示永定粮额碑》、《和里三王宫碑》、《免榨捐碑》、《万古千秋》、《三把叉碑刻》、《永济桥序》（据旧录文重刻）、《共结善缘》、《修高基至九麻人行便道及板瓦凉亭序言》、《开基始祖纪念碑》、《孔明桥碑刻》、《三江县政府布告》、《丹洲防火会碑记》、《告白碑》、《板拔界亭碑记》、《封碑》、《名扬万古》、《永垂不朽》、《马胖鼓楼序》、《清白悠传》、《灵亭碑记》、《重修二圣侯王庙碑》。碑刻的时代自清雍正至民国年间。柳城县古廨村（明洪武初设古廨巡检司）现存碑刻不下20余通，最早为宋人墓碑，又有明正德年间建筑题刻、清代捐资立庙、契约碑等。这些碑刻不论旧志、新志大多并未录记。至今遗存的石刻,由上述事例可以推知仍然有相当大的数量失于统计。此外,摩崖的题名短章,广西各地存量较大,旧志《古迹》《山川》偶有择记,大多并未录入。设置《金石志》(如嘉庆《广西通志》等)始有注重收录,但仍多遗缺。至当代各地编纂各种类型的石刻文献专集如《桂林石刻》等,题名短章得到广泛收集。

历代总志、通志、府州县志记载的广西石刻(主要是碑碣,亦有摩崖),除有实物存证的通常列入石刻统计之外,还有相当大的数量属于石刻文献。旧志《艺文志》收录的"记""碑记",题名"记"自其所述明确付之刻石,而"碑记"则为刻石立碑而作。陈琏纂《桂林郡志》建文三年(1401年)刻、景泰元年(1450年)吴惠补版重印本辑入的碑文,有《舜庙碑》(唐韩云卿)、《桂州尧庙祭器碑》(赵观文,大顺壬子)、《静江虞帝庙碑》(朱熹)、宋《平蛮碑》(余靖)、宋《平蛮京观志》(余靖)、《平允从州城寨记》等,都是刻石之碑。现存碑碣比之旧志著录的《碑记》,尚且十不及一二。另有金石志著录、历代文集记载的大量石刻,与方志著录互证互补,广西古代石刻总量,远远大于晚近以来的调查数据。这些星星点点分布于各地的石刻,汇集起来是一座巨量的文化宝藏。

第三节　刻石师匠之贡献

石刻的形成,历代师匠作出重要的贡献,而相对于撰者书家,这些刻工只有极少一部分留下姓名。其实书法之外，刻工技法之高低，往往影响碑刻书法的体现。罗池庙存藏的宋刻《荔子碑》，清人刘青藜《金石续录》称为"字大径尺，奇伟雄健，与退之辞可谓两绝"。此刻石之艺亦为一绝，能将东坡书法神韵最大可能体现。刻碑时从字画的右缘和下缘用斜入法，而字画左缘和上缘则正下刀。刀法正下，存碑字轮廓的完整，以传笔法；以刀尖斜入，能细腻表现原件毛笔书写特征，以现墨痕。摹刻精工，锋棱宛然，点画之间见神完意足之态。伫立碑前，久久凝视，不经意间感觉凹下之字居然凸显，不免啧啧称奇。这种神奇的视觉效果当与刻石之技有莫大的关系。反之，如叶昌炽《语石》论石湖居士（范成大）书法刻石，有"若桂林《鹿鸣燕诗》，刻手不精，稍降一等"之语。

隋唐时期，广西多地刻石工艺已经成熟，《宁赞碑》《罗池庙碑》可为明证。宋代大量碑刻摩崖得以出现，与石刻师匠的技艺成就密不可分。工匠姓名题刻于碑，最早不会晚于南汉，在宋代出现的频率较元明清时期为多。姓名一般以小字附镌，而是否镌刻亦有一定规律：官方刻立之碑以昭示慎重之文，纪事碑文字繁复之作，相较一般碑碣多附刻石工姓名，以示负责，同时不乏彰扬刻工辛劳、技艺精湛之意。至于官员士夫游观题名及诗文短章亦有题记刻工姓名。灵山县三海岩苏念五题名则为自书自刻之作，"静江府匠人苏念五宝祐元年十二月到此，未知何日再来，记山□"，抒发登高念远之情，可见师匠渐习文墨之变化。

广西石刻工尤其是宋代以桂林籍为主，各地刻工适时而出现相应作品。桂林籍石工有姓名可考至少20余人。刻石已形成家族产业，桂林以龙氏家族最为突出。龙湜，建炎二年（1128年）刻阮彦和《施园地记》(桂林文物管理委员会编《桂林石刻》上册，以下简称《石刻》，122页)，唐全、龙跃，绍兴五年（1135年）十一月冬至于七星岩同刻尹穑《仙迹记》(《石刻》132页)，次年正月上元日于七星岩题名以记（《石刻》133页）。龙云从，绍兴十九年（1149年）南溪山刘仙岩刻郭显《卜居铭》(《石刻》142页)。龙抙、龙湜，崇宁元年（1102年）十月二十七日同刻钟传书"桂州静江军"并题款（《石刻》96页）。龙光，绍兴间刻佚名刘仙岩题诗（《石刻》168页）。

区姓刻工：区诚、卢迁，至和二年（1055年）九月五日刻义缘龙隐岩造象话（《石刻》37页）。区诚，嘉祐三年（1058年）七月刻咸肖等七人游华景洞题名（《石刻》38页）。

朱瑞，天禧二年（1018年）秋刻俞献可等三人普陀山七星岩题名（《石刻》27页）。

王俊，嘉定三年（1210年）刻李訦平亭诗唐人杰跋，"摹刊王俊"（《石刻》256页）。

梁现，嘉定甲戌（1214年）刻张自明游清秀山题诗并记，"梁现刊字"（《石刻》275页）。

桂林工匠流寓其他地区承接刻石，宋代已是普遍现象。

龙升，融州真仙岩（在今融水苗族自治县）谭允《融州真仙岩新修五百罗汉佛相记》，嘉祐五年（1060年）三月三日刻，"桂林龙升刻"。区诚，熙宁八年（1075年）八月刻融州真仙岩释德暎题诗。秦华，熙宁四年（1071年）一月于柳州刻欧阳昊《钜宋故高平米君墓志铭》"桂林秦华刻石"。蒋善，绍兴二年（1132年）刻柳州天宁寺（灵泉寺）王安中《新殿记》，"桂林蒋善镌"。秦思庆，北宋熙宁四年（1071年）三月十五日刻洛容县（今鹿寨县雒容镇）西南高岩《重修高岩厨门记》"桂林秦思庆镌字"。区炳，北宋元符元年（1098年）中元日刻宜州（今宜州区）《会仙山保民寺罗汉峒新建五百大阿罗汉碑》，"桂林欧阳照书，区炳刊"。王鼋，绍定二年（1229年）刻永福县百寿镇百寿岩《百寿图》，"桂林王鼋刊"。刘四，南宋嘉定庚午（1210年）九月刻江邦佐游贵港南山诗，"八桂刘四刻石"（考宋代碑刻，此"八桂"专称桂林）。文化风习之盛与民生产业互为影响，桂林之外，宋代融州也是如此。融州本地师匠刻工有：万□，大观四年（1110年）五月癸卯在真仙岩刻黄忱《平南丹寇记》，"万□刊"。黄升表，南宋绍定元年（1228年）一月刻《融州新创贡士库记》，"玉融黄升表镌工"。黄□，嘉定十二年（1219年）刻林昱真仙岩题诗，"镌者黄□"。周聪□，咸淳八年（1272年）十一月刻真仙岩老子像，"玉融周聪□镌"。

元代师匠题名于石，仍承继宋代遗风。桂林石刻师匠有：朱□川，皇庆元年（1312年）八月刻《静江路修学造乐记》(《石刻》348页)。李森，至元六年（1340年）冬刻《普陀岩题记》(《石刻》366页)。朱瑞，至正四年（1344年）五月十三日刻潘仁《游仙岩记》(《石刻》367页)，至正五年（1345年）刻《孔子造象记》(《石刻》368页)。至于明清时期，比较于大量摩崖、碑碣的数量，见题刻师匠姓名相对少见。上述仅为大略情形。石刻师匠除刻字工之外，还有石塔、石坊的雕造匠等，留题姓名的更少见。有关石刻师匠的全面调查，尚有待深入。

附记：广西多石山，碑石多可就地择取而制，也有自外地运来。石刻之盛出于文化风气使然，亦有地利因素。至于摩崖，各地大同而略有差异。清人金武祥就曾注意到都峤山与其他地区之不同，《粟香四笔》记载"都峤为阳洞""山岩沙与石相间而生，非如他处岩洞全系石质可以磨崖题目壁者""都峤奇秀遥望略似匡庐，特无其雄厚耳。吴元美以为山色青黑，由远观而言。既入山及岩，但见沙石融结，五色烂然。《都峤志》所谓悉类丹砂者近之。岩壁不可镌题，即碑材亦需远致，故古碑均为后人三面附刻，自宋以后题刻少矣"。这与桂林、柳州等地遍布可镌之石材不同。刻石时代特征与文化、经济条件密切相关，因此各代有异同。杨翰《粤西得碑记》记隐山"复入北牖洞搜讨，阴苔湿溜中扪剔殆遍"，见"宝历年刻也，乃阴岩石凹凸之势上下长短刻之。刀痕甚细，日久浸渍阴霉，字痕不显，又无人攀跻搜寻，遂无知者。得碑至此，快慰之极"。唐代刻石"刀痕甚细""字痕不显"，与宋代通常大书深刻有明显区别。

第四节　广西人物域外题刻

所谓广西石刻，通常指广西政区范围之内。其实，历代广西人物留题于广西域外的碑碣摩崖，也应该列入广西石刻范畴之内。笔者略举多年以来寻访所见的广西人物题刻数例。在中国科技史著作中有一通《常熟县学天文图碑》，是因明代常熟知县、柳州人计宗道重刻而得以留存。原有《天文图》《地理图》二碑树立于常熟文庙戟门。计宗道继任之后，因"拓者甚众，日就磨灭"，命工重刻。《天文图碑》仿苏州府学南宋刻天文图题"天文图"三字，上部为盖天图，四周布有线刻云纹。碑的外形大小以及上半部以北极为中心的星图和下半部的说明文字，与苏州宋代石刻《天文图》很相似。星图下有重刻的杨子器跋文，并附计宗道的题识。原来佚失已久的《地理图》也于2015年11月初，在常熟文庙工地出土。《地理图碑》反映明朝中国疆域状况，于研究行政建置和区域名称变迁具有重要意义。这是在中国天文、地理历史上有重要意义的碑刻，如今得以珍藏于常熟碑刻博物馆。明代王仲在广东阳山知县任上刻《塔冈纪兴》摩崖一文，事关明代抗倭历史；莫与齐在徐州戏马台、云龙山题刻为名景点染而增色。又有明代名臣张翀贬谪贵州都匀卫时有"仁智之情"题刻，罗拱辰京山知县任上刻立《戒石铭碑》。清代杨廷理在治理台湾期间（台湾知府、台湾道员）有多种碑记立石：《示禁海口章程碑记》今存台南市大南门碑林，《严禁海坪搭寮霸占碑记》今存台南市佳里区金唐殿，《重修郡西关帝庙碑记》今存台南市永福路祀典武庙，《义民祠碑记》今存台南市赤嵌楼，《改建台湾府城碑记》今存台南市大南门碑林，《重修文庙碑记》今存台南市孔庙，《大上帝庙示禁碑记》今存台南市民权路北极殿，《严禁侵占大众庙中元祀业碑记》今存新竹市大众庙。龙朝言于崞县知县任上刻立《吏治碑》有关廉政，碑文云："道光十九年六月二十四日奉上谕，御史陈文翯奏饬州县滥委佐杂审案一折。州县为亲民之官，所有自理词讼自应亲自审断。如若所奏外者，巡检典史等官营求审案，州县徇情滥委，巧避擅受之名，实与擅受无异，不可不严行禁止。着各直省督、抚巡，通饬该管道、府严密稽查。如有州县任听佐杂营求，将自理案件委令断结，以致变乱是非曲直者，或上司访闻或百姓告发，即将该州县佐杂一并从严参办，毋稍姑容，将此通谕，知之，钦此。光绪九年十二月，山西代州崞县知县，臣龙朝言敬谨敕石。"又岭西五家之一朱琦撰《顾亭林先生祠记》(《怡志堂文初编》未收录)，王拯书，咸丰六年（1856年）十月刻碑于报国寺西院。内容述道光二十三年（1843年）顾亭林祠始建，至咸丰六年（1856年）重修始末：

道光二十三年十月，何子贞绍基、张石洲穆创建顾先生祠于广宁门慈仁寺之西南隅。既讫工，子贞纪以诗，石洲又辑先生年谱刊之。大指以先生之学博综经史，究极天人王霸古今治乱之故，其载之《日知录》《郡国利病》诸书，不为空言。说者谓先生倡导绝学，庶几如汉经师，可百世祀者。先生以征不起，尝一至京师，憩慈仁寺。爰即其地，规度为祠，揭虔妥灵，设木主以祀。其祀春秋及先生生日，岁三举。又刊先生象壁间。象为阳湖张仲远曜孙摹。先生族孙份又出先生中年遗象，别为长卷，置祠内。岁甲辰二月始释奠，自苗夔以次十四人书名卷末。琦亦与焉。为之主者何、张二君也。于是岁以为恒祭，必书。后三年，琦谒假归。未几,子贞以母忧归,石洲病卒。三十年十月,以石洲附祀先生右夹室。其事边衷石、何愿船、黄子寿、陈颂南迭主之,最后则孔君叙仲。然自是与祭者寖希矣,不及曩昔之盛。当是时,海内方厌兵,士夫岌岌不暇修文。而愿船以荐赴军,衷石出为巡道南阳,琦及颂南先后被命督乡团。又数年,琦谒选来都,是为今天子御极之六年。其春大比,天下士英彦辐辏,于是集先生祠补修禊事。事复盛。会者三十三人,为诗歌咏之。酒半感喟今昔,又以先生祠日久侈剥、藩夷、级摧。越月,孔叙仲、叶润臣、汪仲穆诸君议新之。寺僧出子贞书一纸,载建祠事綦核。先是,祠三楹,两庑各五。其北以庋《宋元学案》书版,南以备游谯。东南有小亭,下覆开成石井阑,庖湢具焉。今皆芜不治。爰如子贞书,与寺僧约甓砖为垣,稍狭前制。其檩桷余材悉推以予之。别藏《学案》于寺之侧室。工既蒇,属琦为记,又丐王君定甫书之石。先生名绛,后更名炎武,世称亭林先生。其言行之著者已详石洲所辑《年谱》中,不复赘云。咸丰六年丙辰十月后学桂林朱琦记,马平王锡振书。

文后有王拯识语:"顾先生祠今慈仁寺侧西室,东向三楹。中龛祀先生主,右夹室以张穆石洲配,如旧规。其前庭丈甓砖为垣,旧左右庑东南开成井上亭皆颓圮,不复治。余材檩桷瓴甓推之寺僧。僧因吾材而为今垣。其议则记所谓缘子贞手书,与僧约狭前制而为之也。祠中吴县潘曾玮置祭器,今汉阳叶名澧捐石刻记,皆合书。乌呼,以前贤游踪所寄而景祀之,罔敢废焉,后可考已。王锡振记又书。"此碑不仅攸关广西岭西五家（朱琦、王拯等五人）文事活动，而且是晚清京城重要文化故实。

附及所见，抗战时期桂系将校在华山所刻"万方多难此登临"摩崖。十余年前至华山旅行偶见而记录。此1943年春，第十六集团军26位桂系将校登华山，在北峰金锁关石壁道旁留刻"万方多难此登临"。题款："十六集团军于抗战七年中，组织参观团到西安参观军事学校毕，游太华，书此以志不忘。韦云淞、王景宋、冯璜、阚维雍、伍文湘、郭少文、黄炳钿、刘维楷、陈炯、陈村、曹震、黄法睿、何绍祖、邓熙春、李飞云、韩蒙轩、蔡健伯、吴卓勋、何振龄、刘鸿书、朱庭桢、杨裕昌、李尚忠、王伯球、韦重光、杨国桢。中华民国三十二年春。""万方多难此登临"为唐代诗人杜甫《登楼》名句，全诗云："花近高楼伤客心，万方多难此登临。锦江春色来天地，玉垒浮云变古今。北极朝廷终不改，西山寇盗莫相侵。可怜后主还祠庙，日暮聊为梁父吟。"清人沈德潜称之"气象雄伟，笼盖宇宙，此杜诗之最上者"。桂系将帅此时此地题刻杜诗，读之感喟不已。武当山亦有桂系人物抗战题刻。1938年春，第五战区部队在台儿庄重创日军后，实行转移。长官司令部移驻武当道观周府庵。抗日桂系将领李宗仁、白崇禧、张任民，又薛岳、陈诚、刘峙、张自忠等都登临武当，题词刻石，以示抗战之志。李宗仁题"整军经武"四大字，由武当道士刻碑，存金顶小道场古铜殿之下岩壁。李宗仁夫人郭德洁记事碑，题于1940年5月3日，时中央陆军军官学校第八分校开学典礼前夕，李宗仁携夫人郭德洁，陪同广西省各界慰问第五战区代表团全体成员登临武当。时突闻日寇进攻荆州、襄阳，李宗仁委托夫人陪同客人游览，即返回老河口指挥作战。郭德洁在朝天宫题书记事碑："民国二十九年五月三日，随外子德邻赴中央军校八分校行开学典礼时，倭寇图扰荆襄，翌日德邻返瓒督师，余慕武当形胜，登武当而有感乎斯游。李郭德洁题并书。"又李宗仁颂词碑，在武当山朝天宫右侧，广西各界民众代表团赴武当山慰问抗日将士时所立。碑额篆书阴刻"李司令长官颂词"，六字竖式，碑文为隶书阴刻。

李品仙诗碑嵌于武当山天柱峰转运殿山岩，1939年秋刻石："为寻胜境武当游，步步崎岖兴不休。四面烟峦归眼底，竦竦林叶万山秋。"又有张任民《第五战区干部训练团武当训练记》摩崖位于武当山南岩宫崇福岩，记述第五战区1939年秋在武当山周府庵成立干部训练团，后改为中央陆军军官学校第八分校训练事迹。文繁不录。又《陆军一级上将第五战区司令长官李公宗仁纪念碑》，原存于武当山老君堂德公亭，后移至太子坡大殿崇台前左侧。民国三十一年（1942年）四月安徽省各界赴鄂慰劳出征将士刻立。文繁不录。

桂籍人物广西之外的题刻，多属仕宦所至，或游历而经，留题鸿雪。这些遗存既是当地文化景观，亦可见广西人物旅迹所至、影响所及。上述仅笔者访寻偶见，附记于此。将来或能进行调查研究，亦是广西古代文化有意思的一个专题。

第五节　名碑述例

智城碑

《智城碑》摩崖在上林县白圩镇爱长村智城山于岩壁。刻于大周万岁通天二年（697年）。高164厘米，宽78厘米，24行，楷书，1108字。碑首题"廖州大首领左玉钤卫金谷府长上左果毅都尉员外置上骑都尉检校廖州刺史韦敬辨智城碑一首并序"。碑文末题款"维大周万岁通天二年岁次丁酉四月丁卯朔七日癸酉，检校无虞县令韦敬一制。"碑文记述创建智城始末，赞智城山风光形胜，颂"韦使君"文治武功。城址今犹存，平面依周边山体围成的自然形状进行布局，两处谷地之间的豁口间筑有长30米的城墙，将城分为前后两部分，南部为外城，北面为内城。外城东南山口，筑有一道长100米的城墙，为进出城关隘。内城北面山口也筑有一道长40米的城墙。四周陡峭的石山犹如天然城垣，整个谷地形成一处密封坚固城堡。《智城碑》是现存记录壮族社会历史最早的石刻之一，与智城城址相互印证，为唐朝初年壮族社会发展的极为重要的历史文物。碑文撰写正值武则天于天授元年（690年）自立为"神圣皇帝"改国号为"周"这一时期。称帝前一年，颁布《改元载初敕》，自创新名字"曌"，至长安四年（704年），前后五次共造18字。《智城碑》即以武则天所造"天""日""月""星""地""年"各字书刻，可见当时政令之畅、风习之染，虽边方之地无所不达。书体遒美劲健，极具古意，与

● （唐）上林《智城碑》

六朝书《爨宝子》《嵩高灵庙》一脉相承。欧阳辅《集古求真》称之"书法秀润蕴藉，唐石上品，粤西第一古刻也"。

此碑宋代已见于《舆地纪胜·宾州·碑记》记载："韦厥碑，智城洞，去县四十里，盖韦厥所隐之洞也。碑乃廖州刺史韦敬辨所撰。"之后，长久潜藏未现于世。清道光六年（1826年）李彦章任职思恩知府，次年赴任庆远府，寻访得见，拓取多本，跋语长达四千言，有"以贻海内好古通人"语。金石家陈寿祺得赠其一，惊为奇秘，复详加考订，长跋见于《左海集》。末段有云："嗟乎。僻壤遐荒乃有贞珉巨丽，一洗瑶壮之陋。自宋以来金石家未之见也。候官李侯兰卿莅郡始披讨而获之，传于海内，琳琅圭璧之宝曷足喻哉。侯诒余拓本，因为稽其名义质所疑，侯媐雅好古，必有以匡余不逮也。"陈、李于《智城碑》作者何人，各有所见，为学林增一掌故。

沈传师书《柳州罗池庙碑》

《柳州罗池庙碑》，沈传师存世法书唯此一件，为唐碑书法力作，于唐代文学史、书法史均极为重要。文献记载，唐长庆元年（821年）正月十一日，桂管都防御先锋兵马使朝散大夫试左卫长史孙季雄立罗池神碑，陈曾篆额，长庆三年（823年）夏《柳州罗池庙碑》刻立。唐碑原立于柳州罗池庙（现名柳侯祠）。宋人米芾《海岳名言》："有超世真趣，徐（浩）不及也。"此碑当时即为学者所向往，以求一睹风采。最早见于宋人欧阳修《集古录》著录。此碑久已失传，仅宋拓孤本流传，学者亦少有见者。宋拓存

●（唐）沈传师书
《罗池庙碑》宋拓本

孤本已剪装为法帖，共25页，每页4行，行7字，唐碑尺寸，见于清人魏锡曾《绩语堂碑录》："拓本高三尺八寸七分，广二尺一寸，21行，行37字，正书。"宋拓本上有明代王铎题识："沈书寡觏，本虞永兴、柳诚悬、欧阳率更，合为一家。"书法秀润妍美，清劲有神，字形虽瘦，然筋而藏肉，略无枯瘠之态。清刘青藜《金石续录》称"拓本未见"。至民国初年宋拓孤本已剪装为法帖装，共25页，每页4行，行7字，因而唐碑原貌不详。首末明清收藏审鉴者题跋有王铎、冯班、叶树廉、翁方纲、张穆、瞿鸿禨、何维朴等人，末为收藏者罗振玉跋。拓本原为明人何金家藏本，冯班得之于何金之孙何迈，后转为清初叶林宗所藏，复出让于陆宇丰，而叶树廉得之于陆氏，又为何绍基收藏。何家世传之后，归于庐江刘氏。辛亥革命爆发后，罗振玉购之于刘氏，题跋云："以为沈书世无复存矣。后闻道州何氏藏唐刻拓本三，而沈传师《罗池庙碑》其一也。宣统纪元，缪艺风京卿来京师，语海内孤拓，缪丈首举是碑。"罗振玉避往日本之后，于1913年6月影印于大阪博文堂。1920年罗振玉出售碑帖，《罗池庙碑》拓本列入其中，之后宋拓孤本去向不明。晚近多种影印本出于博文堂本。宋拓孤本晚近仍见于传藏，至今何处值得关注。

梧州《戒石铭》碑

宋代官箴代表作《戒石铭》原文出自五代蜀主孟昶《令箴》，宋太宗删繁就简取其中"尔俸尔禄，民膏民脂，下民易虐，上天难欺"四句，颁于州县，敕令勘石立于衙署以为警示，故称《御

（宋）梧州《戒石铭》晚清拓本

制戒石铭》。南宋高宗绍兴二年（1132年），黄庭坚书《御制戒石铭》，高宗"摹勒庭坚所书，颁降天下"，《御制戒石铭》遂遍立碑于各府州县，流传日广，成为官场箴规。今存广西梧州御制《戒石铭》拓本，高184厘米，宽95厘米。碑分四层，第一层篆额，为宋太宗篆书，第二层为太宗御制文，由黄庭坚书写，第三层为高宗赵构诏谕，第四层为权邦彦、吕颐浩等臣跋。黄庭坚大字雄健极佳，为传世黄书标本。广西横州亦有《戒石铭》碑，今存最早记载见于嘉靖《南宁府志·山川·横州》："戒石铭，在州甬道，宋黄庭坚书。"清康熙时汪森《粤西丛载》："横州戒石铭，铭在州甬道，黄庭坚书。"此书记碑记、石刻，或注所据旧典，或不注，存佚不详，可知为随见摘记。乾隆年间横州《戒石铭》已佚失，乾隆《横州志书·建置志·古迹》："戒石铭，宋绍兴间颁，黄庭坚书。先在州治甬道，覆以亭。明嘉靖癸巳知州曹储撤亭移置座右。今失。"叶昌炽《语石》："宋太祖《戒石铭》，黄庭坚书。高宗诏天下摹勒。今梧州府治尚有一石，分四层，其第三层即高宗谕。《粤西丛载》言戒石铭在横州甬道，今石已佚，而赵㧑叔《续访碑录》苍梧之外尚有道州一刻。虽未见，大抵皆黄书一石重摹。"《戒石铭》当时所刻遍及天下，而至清晚期仅存梧州、道州两碑。民国《苍梧县志》未见记录，知民国初已佚失。新修《梧州市志·古代石刻》《苍梧县志·碑刻》均未记载。世存碑拓，明代之前极少传藏，清代中晚期较多，或民国拓。广西石刻旧拓除《元祐党籍碑》《荔子碑》有流传且为学者所重，今多转为博物馆、图书馆收藏。碑石不存，所幸拓本得以见其原形，是广西石刻文化一重要印证物。

荔子碑

《荔子碑》在金石学著作题名《韩昌黎享神诗》《罗池铭辞》等，以其首句"荔子丹兮蕉黄"，习称"荔子碑"。置立于柳州柳侯祠中殿，是中国古代碑林的名品，国家一级文物。以"柳（宗元）事""韩（愈）文""苏（东坡）书"而久享"三绝"之誉，传承至今八百年。碑高231厘米，宽129厘米，分刻10行，行16字，大字真书，字径旧籍记载"三寸余"，实为11厘米上下，跋文5行，真书，旧籍记载"径五分"，约2厘米。碑文为唐代韩愈《柳州罗池庙碑》的末段，是人们祭祀柳宗元时诵唱的歌词。北宋时由书法大家苏东坡书写，刻碑置立于罗池庙，则是在南宋嘉定十三年（1220年）重阳。碑文云：

荔子丹兮蕉黄，杂肴兮进侯之堂。侯之船兮两旗，渡中流兮风汩之。待侯不来兮不知我悲，侯乘白驹兮入庙，慰我民兮不嚬兮以笑。鹅之山兮柳之水，桂树团团兮白石齿齿。侯朝出游兮莫来归，春与猿吟兮秋与鹤飞。北方之人兮谓侯是非，千秋万岁兮侯无我违。愿侯福我兮寿我，驱疠鬼兮山之左。下无苦湿兮高无干，粳稌充羡兮蛇蛟结蟠。我民报事兮无怠其始，自今兮钦于世世。

此文与唐韩愈撰沈传师书《柳州罗池庙碑》（宋拓本题首为

《罗池神碑》）相校，字词差异颇多。"杂肴"唐碑作"杂肴蔬"，"进侯之堂"作"进侯堂"，"渡"作"度"，"汩"作"泊"，"乘白驹"作"乘驹"，"莫"作"暮"，"秋与鹤飞"作"秋鹤与飞"，"谓侯是非"作"为侯是非"，"无我违，愿侯福我"作"无我违，福我"，"疠"作"厉"。唐碑（沈传师书《柳州罗池庙碑》）为最早文本，东坡书于北宋，所据亦为较早文本，校勘及修辞比较前人已多有论及。

关庚跋语称"坡仙大书"之"大"字，并非泛泛之语，大字书件为东坡鲜见之作。传世东坡碑帖刻石多出后人复制，此碑直据法书真迹上石，极其难得。笔画内在刚健和用墨浓重，结体的疏密相间，体现出内美外拙、凝重雄强之貌。行笔温厚中透出险辣，得气且具势。"我"字之"戈"不取钩，一泻而下；"事""兮"等字末尾均以铦利之锋芒挟裹而出。结字多为率性而作，如"鹅"字特大，且用行书，"兮"字也是随手妙变。取左向而不求平正，点画周到，果断有力，顿挫之间断然肯定，识者称之"丰腴跌宕，藏巧于拙"。磅礴大气，于骨力洞达之外复能照顾到气势，显然以楷书而有行草连绵之趣。从宋人书风的形成，《荔子碑》是东坡颇具特征的妙成之作。学者书家长期以来对《荔子碑》悉心研究，见解纷呈而评价极高。宋人朱熹有"奇伟雄健"之赞，明代王世贞称"东坡书《罗池铭辞》遒劲古雅，为其书中第一"。此碑于洪武五年（1372年）被一折为三，见于傅高《重修柳侯罗池碑记》："谚云：'柳侯为神，显而有征。'洪武壬子城柳，军士断碑以砌，辄崩，还碑乃已。"自此之后，"断碑"一词频频出现，

● 苏东坡书《韩昌黎享神诗碑》(荔子碑)

成为《荔子碑》的代称。

　　历代学人过往柳州，莫不敬肃观瞻《荔子碑》。主持过《永乐大典》纂修的解缙（1369~1415年）贬谪南行道经柳州时，有《罗池庙》诗："子厚文章迈汉唐，可怜祠宇半荒凉。罗池水涸荷应败，惟有穹碑照夕阳。"正德年间文学家戴钦《谒柳子厚祠》诗"荒冢草寒惟夜月，断碑芜没自斜阳"之句，展现黄昏映照下残碑的凄美之景。万历四十年（1612年）的三月十六日，庆远知府岳和声道经柳州，"读眉山所书昌黎氏《荔子碑》，摩挲折角之字处"。清康熙初年，马平知县阎兴邦曾借寓柳侯祠，"数尺断碑虽幸立，几间残屋已将倾"。归安进士沈世枫分巡左江，有《谒罗池柳侯庙》诗："平生诵法瓣香真，尚喜桐乡泽未湮。一代文章开绝域，千秋惠爱忆孤臣。池枯犹滴投荒泪，貌古难传去国情。苏笔韩碑双墨妙，与公心迹合相亲。"乾隆年间诗人金虞题咏柳州风物胜迹之作，其中《谒罗池柳侯祠》有"墙根剩有韩碑在，丹荔黄蕉不可寻"之句。乾隆十二年（1747年），官方重修罗池庙，范赫《乾隆丁卯重修罗池庙落成》发出"寂寞龙城柳，凄凉荔子碑"的感叹。一代金石学大家、两广总督阮元（1764~1849年）两度过柳，以直面《荔子碑》而分外庆幸，这种心情体现于《柳州柳侯祠》云："柳江犹抱柳侯祠，定是风光异昔时。青箬绿荷非旧峒，黄蕉丹荔有残碑。徙移故迹凭消瘴，想望高楼合咏诗。多少文章留恨在，莺啼花落又罗池。"到了嘉庆年间，主修《广西通志》的广西巡抚谢启昆（1737~1802年）观赏之余，有《书柳侯庙碑后》诗：

龙城之柳神所守，谁其记者柳子厚。驱厉鬼兮罗池碑，谁其作者韩退之。丹荔黄蕉祀神曲，谁人书者苏玉局。三公文字照天地，迁谪都遭造物忌。循吏当时庇万民，忠良异代同精气。柳州城崩鬼神哭，板筑未成怪物伏。一碑中断一碑完，合璧何年置祠居？侯之来兮洞庭湖，潮州惠州路不纡。灵旗并降船容与，文教乃渐西南隅。作使鬼神驱觋巫，福我寿民言非诬。俗吏胆寒拜且趋，当官谁似柳韩苏。

托浑布于道光十三年（1833年）任分巡右江道，有《谒柳柳州祠》之作："门对青山水满溪，丹黄蕉荔叶萋萋。已无报赛铜弦曲，剩有残碑玉局题。迁谪同时悲梦得，文章一代接昌黎。知公不朽英灵在，自有余光炳斗奎。"咸丰、同治间兵燹战乱之世，罗池庙已成瓦砾之区。郑小谷以《访柳文惠侯祠，非罗池庙故址矣》写尽凄凉景境，"红羊劫换无遗址，丹荔迎神有旧碑"。柳州知府孙寿祺《访城东柳江书院故址感赋》，表达出同样的心境："讲院弦歌不可闻，罗池桥畔昔屯军。江山寂寂余哀草，城郭荒荒黯夕曛。此地岂宜来用武，彼苍何苦丧斯文。不堪卒读残碑碣，剩有模糊碧鲜纹。"直到民国时期，达官名流也无不以一览名碑为旅寓之快意。《建设中之柳州》(《申报》1934年5月7至8日)报道说："四月十三日上午游柳侯公园。园系就祀唐代文豪柳宗元之柳侯祠，扩大而成。柳侯祠在园之右，系迭经兵火后而再加修葺者，既非旧观，现亦荒凉。祠之中央龛石刻柳子厚像，其左侧有韩昌黎撰、苏东坡书柳侯罗池庙碑祀辞之残石，仍嵌存败壁间，虽经千万摹拓，已现剥迹断痕，然苍劲虬迈之气，仍充塞字行间。"1935年1月19日，胡适《南游杂忆》记述说："傍晚，我们去游罗池柳宗元祠堂，有苏东坡写的韩退之《罗池庙碑》的'迎享送神辞'大字石刻。退之原辞石刻有'春与猿吟兮秋鹤与飞'一句，颇引起后人讨论。今东坡写本此句直作'春与猿吟兮秋与鹤飞'，此当是东坡从欧阳永叔之说，以'秋鹤与飞'为石刻之误，故改正了。石刻原碑也往往可以有错误，其误多由于写碑者的不谨慎。《罗池庙碑》原刻本有误字后经刊正，见于《东雅堂韩集校语》。后人据石本，硬指'秋鹤与飞'为有意作倒装健语，似未必是退之本意。"他提到的这处异文是石刻碑版校勘一个很有名的案例。

第二章　石刻文献之流传

"刻碑""寻碑""抄碑""打碑（拓碑）"之"碑"是石刻的通称。碑版既已刻立，寻碑、抄碑、拓碑即是石刻传播于世之始。拓本自此得以传散四方，著录于典籍，并用于研究，石刻文献之功用因此体现。无刻匠文无从上石，无拓工墨本无以流传。刻工尚有题名于石，而广西古代拓工难知其名。徐霞客在柳州"觅拓碑者家"，李彦章深入上林访《智城碑》"携拓工裹粮缚茅，留此十日"，杨翰龙隐岩寻唐人杜鹃诗"乃命舆人陆石同拓工钞诗数句"，无从得知拓工其名，不免遗憾。

第一节　寻碑、拓碑、抄碑

广西气候多湿，林木森然，藤萝密布，碑碣摩崖易于为藓苔所掩，或流水沙泥所覆。刻碑固然不易，而访碑拓印亦难，此情形屡见于前人记述。《粤西金石略》胡虔序所言："拄杖荷笠，登陟岭嶻，求古昔磨崖之作。往往攀藤扪薛，危至不能容足，意猱狖所不到者而题刻在焉。"寻碑有时不免是艰苦甚至危险之事。

徐霞客当年在广西的行程，不少时候是寻碑之旅，或专访，也多偶遇，《粤西游日记》留下详实的记载，为我们今天考察石刻存佚留下极为重要的现场记录。兹摘出霞客由全州入桂林，居留融水（融县）真仙岩，赴北流勾漏等地的寻访碑刻之旅。

徐霞客由湘入全州、桂林。崇祯十年（1637年）闰四月初九日："冒雨西行五里，至砦岩普润寺。寺有宋守赵彦晖诗碑，宋李时亮记。"在这之前的嘉靖五年（1526年）冬，全州蒋冕也曾游经此地，有《游砦岩志》："缘涧回至普润寺。寺废已久，有二三残碑，纵横草莽中。命僎从拂拭苔藓，辩认数过，漫笔书四绝句。"查康熙《全州志·艺文》，赵彦晖诗碑、李时亮记未见著录。《寺观》录佛寺数十，又未记普润寺。《山川》记砦岩稍详于景观，并前人咏诗无一语及普润寺。"寺废已久"，而徐霞客"赵彦晖诗碑、李时亮记"的记录，在之后的康熙《全州志》、乾隆《全州志》、嘉庆《全州志》都已无踪迹。

凡至景观名胜之处，各种碑版题额多有记录，或"以瓦磨墨"录碑文："西北上柳山，有阁，曹学佺额，为柳仲涂书院。又上为寸月亭，（亦曹书。亭前为清湘书院。有魏了翁碑……）其南有泉一方，中有石题曰'虎踞石'。"二十六日："海龙庵已为临桂界……问知其下有读书岩，而急于海阳，遂南入古殿，以瓦磨墨录其碑。"二十九日："洞门左崖张西铭栻刻《韶音洞记》，字尚可摹。仍从洞内西出，乃缘磴东上，有磨崖碑，刻朱紫阳所撰《舜祠记》，为张松建祠作，乃吕好问所书。"五月初六日："刘仙篆雷符于上岩右壁，又有寇忠愍准大书，俱余所（欲）得者……

余出匣中手摹雷符及寇书，而石崖歌则石雨淋漓，抵暮而所摹无几。又令静闻抄录张、刘二仙《金丹歌》，亦未竟。又崖间镌刘仙《养气汤方》及唐少卿《遇仙记》未录。"初七日："洞内镌《桂林十二岩十二洞歌》，乃宋人笔。余喜其名，欲录之，而高不可及。道士取二梯倚崖间，缘缘分录，录完出洞。……其侧石上书'仙迹'二字，'迹'字乃手指所画，而'仙'字乃凿镌成之者。"

六月二十五日，徐霞客抵达真仙岩，居留真仙岩十三日，对真仙岩以及刘公岩、老子山、玉华洞等处景观一一详细考察，抄录或拓取摩崖碑碣，过程艰辛。

二十六日，憩息真仙洞中者竟日。参慧出市中。余拂岩中题识读之，为录其一二可备考者。

二十七日，憩息真仙洞中。有拓碑者，以司道命来拓《党籍碑》。午有邑佐同其乡人来宴。余摩拭诸碑不辍，得韩忠献王所书《画鹘行》，并黄山谷书二方，皆其后人室此而勒之者。

二十九日，搜览诸碑于巨石间，而梯为石滑，与之俱坠，眉膝皆损焉。

七月初一日，早起，以跌伤故，姑暂憩岩中。而昨晚所捶山谷碑犹在石间，未上墨渖，恐为日烁，强攀崖拓之。甫竟而参慧呼赴晨餐，余乃去而留碑候燥，亟餐而下，已为人揭去。先是，余拓左崖上《老君像碑》，越宿候干，亦遂乌有。至是两番失之，不胜怅怅。盖此中无纸，前因司道檄县属僧道携纸来岩拓《元祐党籍》，余转市其连四陆张。拓者为吏所监督，欲候《党籍碑》

完，方能为余拓韩忠献大碑，故栖迟以待。余先以余闲取一纸分拓此碑，而屡成虚费。然碑可再拓，而纸不可再得，惟坐候拓者完忠献大碑而已。是日僧道期明日完道碑，初三日乃得为余拓，而韩碑大，两侧不能着脚，余先运木横架焉。

初二日，是日为县城墟期，余以候拓淹留停留，欲姑入市观墟；出洞而后知天雨，洞中溪声相溷，晴雨不辨。乃还洞，再拓黄碑。

初三日，早雾，上午乃霁。坐洞中候拓碑者。久之至，则县仍续发纸命拓，复既期初四焉。

初五日，吴道与境禅之徒始至，为拓韩碑。其碑甚大，而石斜列，余先列木横架，然犹分三层拓，以横架中碍，必拓一层解架，而后可再拓也。然所拓甚草率，而字大镌浅，半为漫漶，模糊不清，余为之剜污补空，竟日润色之，而终有数字不全。会拓者以余纸拓《元祐党籍》《老君洞图》与像。下午，僧道乃去，余润色韩碑抵暮。

《粤西游日记》提到的《元祐党籍碑》、韩忠献王所书《画鹊行》、山谷碑、《老君像碑》、《老君洞图》多种石刻，《元祐党籍碑》移出幸存，余皆毁损无迹（《老君洞图》近年寻获残碑一角）。所存旧拓，景观之美，刻绘之精，视之悦目，足称铭心绝品。

北流之行"洗碑而敲拓之"。八月初一日，霞客游勾漏山："其北面亦有石峰丛突，南与此山并夹，东与宝圭对峙。东南石壁上，大书'勾漏山'三字，大与山齐，土人指为仙迹。……按

《志》,勾漏有灵宝、韬真二观,今皆不知其处。灵宝疑即庵基所因,韬真岂其在此耶?当时必多碑碣,而沧桑之后,断础无存矣。初二日,……余急令其具餐,将携砚载笔往录宝圭洞中遗诗。初四日,……抵南山寺,古所称灵景寺也。……灵景僧留饭,见佛座下唐碑一通、宋幢一柱,刻镌甚古,就僧觅纸,僧仅以黄色者应。遂磨墨渖于石,取拓月于抽,以钟敲为锤,以裹足为毡,洗碑而敲拓之。各完两通,而日色已暮。"

徐霞客搜览名碑,梯滑坠岩"眉膝皆损",拓片被揭去"不胜怅怅","运木横架"拓碑时"剜污补空,竟日润色之",正是古代文人传承文化的最佳写照。随着时代迁变,石刻大量毁损灭裂,《粤西游日记》留下重要依据,与今日石刻调查比对,则四百年来石刻状况之传存毁失,因此得以了然。至于清人叶昌炽《语石》云"余尝谓徐霞客好游,而不知网罗古刻",不知何故言此。

墨拓来自拓工"赍楮墨以往"。官宦文人对石刻拓本的需求,因此久已出现专业拓碑者。徐霞客柳州之行寻求专业拓碑者。十六日游柳侯庙:"《柳侯碑》在其前,乃苏子瞻书,韩文公诗。"十八日:"西过唐二贤祠觅拓碑者家,市所拓苏子瞻书韩辞二纸。更觅他拓,见有柳书《罗池题石》一方,笔劲而刻古,虽后已剥落,而先型宛然。余嘱再索几纸,其人欣然曰:'此易耳。即为公发砌磨刀石出一石拓,乃新摹而才镌之者。'问:'旧碑何在?'曰:'已碎裂。今番不似前之剥而不全矣。'余甚惋惜,谢其新拓,只携旧者一纸并韩辞二大纸去。"张鸣凤《桂胜》自序提到:"选诸生稽古者挟拓工与俱，廪从优厚，于是峥嵘之杪，邈绝之滨，人争猿攀鸟集，赍楮墨以往，数百年之古文遗事出布人间。"乾隆年间，金虞《题灵岩重刻元祐党籍碑后》诗有"我登真仙岩，忽值打碑客，贻我蝉翅双，端然具跌额"之句。马平知县韦佩金《经遗堂集》中《柳江临发礼柳侯祠，示守祠人向得》诗有"羡尔闲身短衣后，为侯守祠打碑卖"句，可知拓碑出售风习一直沿袭。《粤西金石略》编纂之时，广为拓取石刻，所需量大，谢启昆"命工遍拓诸崖洞古刻，且檄郡县地方访求金石文献"。同治年间，柳州知府孙寿祺诗"中间少一人，言将拓碑去"句注语"紫崖哲嗣雅夫醝使往拓《荔子碑》，未与斯游"。这件拓本很快就成为永州柳子庙重刻《荔子碑》的底本。

《智城碑》千年之后墨拓得以传出，既有金石学盛行之学术背景，也事出偶然因素，即因学人金石学名家翁方纲及室弟子李彦章的寻访。李彦章以道光六年（1826年）出任思恩知府，上林县《智城碑》早已在他心目之间。《唐廖州智城洞碑跋》详述寻碑之行：

余以道光丙戌守思恩，案考图经，始知智城洞在所部之上林县东，意谓必有旧刻可访，顾遍问有司及学官弟子鲜有知者。其明年余创辑郡志，开局榕园，分命郡人任采访者广搜金石，荒崖残碣稍稍渐出。及门谭生学道始以是洞有磨崖来告，且录其文以来。读之心快不已，亟欲行部时往观。又明年戊子暮春，余适移守庆远道，出上林县。谭生与其乡之士民等导余绕道游智城山。

度澄江，仄步石矶，上行甚险巇，继以缚筏乃济。既登岸，皆苍崖古木，见巨石如连囷。十三堡土兵之来迎者白言去洞已近，至则石壁之下，碑刻宛然。石赤字青，完好可读，凿凹深刻，风雨不侵，泉溜所穿亦仅剥蚀十之一，从未有人椎拓，故石理如新。碑共二十四行，每行四十七字，可辨者得九百九十二，惟有六行独于行末各多一二字，皆因行间崖石泐断，重书以补之，其模刻为不苟也。时携拓工裹粮缚茅，留此十日。空山多雨，终日蓊湿，故今所拓各本多墨花痕，又足知毡椎之不易矣。

行文之间，寻求之心切，见碑文"读之心快"，行程之艰，山居十日，苦乐相兼，情景宛然如在眼前。

李彦章不仅对《智城碑》如此用心，署任庆远知府下车伊始，又专注寻找张栻《新学记碑》去向。《庆远府学新出张宣公宜州新学记断碑跋》云：

右宜州新学记碑张宣公南轩先生撰并书余昔阅《广西通志》知有此碑已向往之。道光戊子暮春由思恩移知庆远府，下车后入学释菜，访是碑，已亡。尽录学宫碑碣以寻之，竟不可得。有诡言曾移城西岩洞者，拓之又非。遍问有司及诸生，俱茫然无以对，而余终未能释于怀也。适余捐俸独修郡学，日往来泮水间，悉令扶立庙中旧碑，有残石必以告。六月十五日视工工取土，于东墙下掘地先得片石，读之即是碑也。命更深掘穷搜，前后竟得九段，不知何年破裂入土。然洗而拓之，文字完好如新。篆额存字者三，古劲如截铁。正书类李北海，婉秀浑圆。其文以南轩集校之皆同，惟断损处缺去五十八字。碑既出，庙工亦竣。余已将受代行矣。乃亲为补缀嵌砖，重立于大成门下。计自刻碑后至今六百五十年，已失而复出，余与都人士喜可知也。得碑之后，大为感叹："南轩所作学宫碑记凡十篇金石家皆未著录，不图边州一石犹存于瓦砾破碎之余，显晦有时，其出也尤可宝。"

李彦章"故为多拓墨本，以贻海内好古通人"，又以此碑的发现"且推及学校所以化民成俗之原，教化可以销烽息警之效，愿与为国守边者共知此意焉"。所谓"显晦有时"，实为学术之风所致。学人寻碑之心与"为国守边"之愿，合二而一，浑然天成。

游寓广西的官宦文人，莫不以寻访石刻为乐事。杨翰（1812~1879年）广西寻碑之旅，多有所获，并撰为《粤西得碑记》。孙坛《馀墨偶谈》记载："杨海琴先生翰，工诗文，喜金石，书法尤得何道州神髓。癸酉春游桂林，凡一邱一壑，皆为足迹所到。有舆夫某能施毡蜡，随在携之。扳藤附葛，广搜名贤碑碣，为唐为宋，皆能辨之，佳刻数种，多出其手，是主是仆，亦金石录中一段佳话也。"桂林龙隐洞有唐人杜鹃诗刻，早在宋代就见于欧阳棐《集古录目》记载，南宋陈思《宝刻丛编》转引："唐杜鹃花诗二首，唐张浚及岭南节度使刘崇龟唱和杜鹃花诗二首，前监察御史张岩书，乾宁元年刻。"杨翰曾"晤许叔文观察，谈及桂林古刻，叔文曰潘伯寅侍郎曾属访龙隐岩唐人杜鹃诗，至今未获，想早佚矣。余心识之"，同治十一年（1872年）十一月，杨翰由唐家寺赴大榕江，入桂林。之后"数次来游，绝无所见。惟凭眺怪崖幻迹而已。时将去桂，作粤东之行。小集友人处，话及杜鹃诗寻得否？余曰：此行得碑甚多，皆人所不知访之，信有奇缘。杜鹃诗恐难如愿耳。先是欲再访龙隐。连日大雨奔注不可行，乃命舆人陆石同拓工钞诗数句，先往当于沙水激漱处细觅之。酒半忽持片纸来，字迹几不可辨，审之则唐刻杜鹃诗也。询之在洞中，久为水冲，字痕漫灭，虽在目前，而人多忽之。乃重加剔濯，细加墨焉，字多失形，而就其能识者，较志所载多辨出数十字，亦至幸矣"。拓取《唐李渤南溪诗序》《李涉元岩铭》时，"乃命舆人陆石手足并行而上剔之，有字迹审视其笔画最少者读之，得知'琴一曲可以穷年'七字，狂喜曰：此元岩铭也。即架木汲水洗濯，竟得全文。《南溪诗》亦在焉。数百字竟无一字损失。山水膏肓，金石痼疾，求则得之，足壮我游怀也"。次年春三月至梧州，诗作多与访古寻碑相关，如"暮春过梧州访元次山冰井铭"之类。因传经书院主讲陈瀛藻相助，访得《粤西金石略》著录的莫龙编侯十一字铭文砖，并详加考述于《粤西得碑记》：莫氏事迹从无记载，道光时人徐焘（莘农）谓"莫字是汉（漢）字之半"，将莫氏与汉末士燮误混。时"正纂《苍梧县志》，竟宗徐说，莫字是汉字之半，又疑'吴'字"，杨翰"与梧郡人反复考证，始定为莫龙编墓砖，县志亦从此定稿"。同治《苍梧县志》并采《广西通志·金石略》及杨翰考辨，述及杨翰"来苍梧搜访古迹不遗余力"之事。杨翰"扳藤附葛"所得拓本，至今尚偶见于拍卖，如无当年寻访艰难，何来今日之雅。

李文藻"咋惊赢仆坠高梯"。山东益都李文藻（1730~1778年），乡试出著名金石学家钱大昕门下，乾隆二十六年（1761年）进士。到任桂林府同知之时，即以搜求石刻为志。诗有《拓碑二首》云："拓碑又出水东门，龙隐岩边钓石温。记事昔凭金薤刻，题名今变藓苔痕。敢言著录追欧赵，不是藏书为子孙。典尽羊裘买胶墨，图将跋尾遣晨昏。""一岩一洞常百种，右手摩挲双眼迷。时挟钞胥涉深水，咋惊赢仆坠高梯。中唐典重参军笔，北宋宽闲守吏题。旧史无名费搜考，自怜学问是醯鸡。"编纂有《粤西金石刻记》一卷，即当时收集广西石刻抄册，民国初年尚存，见于《续修四库全书》著录。

金武祥拓碑"亦宦途乐事"。江阴金武祥久寓广西多地，所到之处不忘摹拓古刻。《续忆补咏》（即陶庐三忆）有记："都峤山在容县，为第二十洞天。东坡所谓'乞得纷纷扰扰身，结茅都峤与仙邻'也。余戊子岁偕邑人何对廷大令往游，曾宿于此。拓南汉碑幢六种，皆金石家及府县志所未著录者。"后有题注："费云，游胜境而得古碑，亦宦途乐事。"其人留意碑刻内容，及于细节，《漓江杂记》："平乐府城揽胜亭畔有桥新修，碑刻捐赀人姓名，有捐银三分者。今观碧崖阁建桥道碑，有捐钱二百文者，均备书之。于以见其不没人善，且可征风俗之俭，工力之省焉。"

石刻形成文献传播，抄碑录文，编刊入集，古代地方文献编纂的一种主要方式。桂林张鸣凤编纂《桂胜》《桂故》时，刘继文"遣麾下四出搜致，比临发，授意藩使郙管公为过，申命更选抄者，俾益具录。既又以一人领众山，不胜其书，檄县行视，亟议以济。居无何，参藩云间徐公以代行藩事至，陆续抄、拓，十得六七"。真仙岩绍兴丁巳（1137年）胡邦用《真仙岩诗叙》，徐霞客《粤西游日记》称"洞间勒记甚多，而此文纪诸胜为详，录之"（嘉庆《广西通志·金石略》等均未著录），又有明代龚大器《春题真仙洞八景》诗，原石久佚，正是因为徐霞客抄录得以存留。

胡邦用《真仙岩诗叙》

融州真仙岩，耆旧相传老君南游至融岭，语人曰："此洞天之绝胜也。山石藿岘，溪流清邃，不复西度流沙，我当隐焉。"一夕身化为石，匪雕匪镌，太质具焉。匪垩匪䑋，太素著焉。丹灶履迹，炳然在焉。霓旌云幢，交相映焉。有泉湍激，空山（缺）尝以金丹投于其中，使饮之者咸得延寿，故号寿溪。东流十余里，入一村曰灵寿，其民皆享高年，间有三见甲子者。余被命出守，穷文考古，询访土俗，遂得仙迹之详，皆非《图经》所载，故作诗以纪之，书其始末，勒石以示来者。诗曰：岭南地势富山川，不似（应改"谁似"）仙岩胜概全。石璞浑成尘外像，寿溪直彻洞中天。醮坛风细迎秋月，丹灶云轻压瘴烟。散步使人名利泯，欲求微妙养三田。

荆南龚大器《春题真仙洞八景》

  天柱石星 嵯峨盘地轴，错落布琼玖；风吹紫霞散，荧荧灿星斗。

  龙泉珠月 冰轮碾碧天，流光下丹井；惊起骊龙眠，腾骧弄塞影。

鹤岩旭日　　仙人跨白鹤，飘飘下九垓；矫羽扶桑上，万里日边来。

牛渚暝烟　　朝发函关道，暮入湘水边；一声铁笛起，吹落万峰烟。

寒淙飞玉　　悬崖三千尺，寒泉漱玉飞；奔流下沧海，群山断翠微。

碧洞流虹　　丹洞连海门，流水数千里；石梁卧波心，隐隐蟠蝀起。

群峰来秀　　青山望不极，白云渺何处；郁郁秀色来，遥看峰头树。

万象朝真　　真象两无言，物情如影响；回看大始前，无真亦无象。

抄碑相较于拓碑需要多种条件而言，更为普遍使用。通志、各府州县地方志编纂时通常聘任"采辑"，主要职任之一就是抄录碑碣摩崖，以供编纂。抄碑之难，未亲历者不易理解。所处地形高下之危，与拓碑者同。石刻久已残损，碑面漫漶，难以辨识。此外，古人书碑字体各异，有异体俗笔等，影响判断。抄录者识读能力至为关键，录文是否准确，或因误释而引起"猜文断字"，导致后来误用其文。志书、碑文集，以及诸多研究专著等，辑入碑文时出现误字，或节录不全，或语句错置衍脱等情况，主要原因首先出现于抄碑。同样是面碑录文，抄录的文本彼此之间有不少文字出入，显然是释读者能力差异所致。

第二节 拓本之流传

墨拓是石刻真身副本，于文献的传播最为重要。相较于碑碣摩崖本身，拓本通过流传有更为广泛的影响。拓本能最大程度保持石刻形态，文字内容、书法绘画欣赏都因拓片而得以利用。考察结果证实，晚近时期被毁损失传的石刻，因为旧拓的传承而成为文献形态复原的唯一所本。诸如《桂林石刻》著录多有标明原刻已毁，据旧拓本重刻之例，或据拓本辑录文字。融水真仙岩绝大多数石刻已损毁无存，以旧拓本而知其原有石刻数目及分布状况。

明代万历年间张鸣凤的《桂胜》《桂故》实为官助私纂之作，是古代地方文献编纂大量利用石刻拓本的典型事例。张鸣凤自序提及："选诸生稽古者挟拓工与俱，廪从优厚。于是峥嵘之杪，邈绝之滨，人争猿攀鸟集，赍楮墨以往，数百年之古文遗事出布人间。张子既幸骤得未睹，又辱公近檄府给以笔札，参藩公间日趣取草，亲为校定，府丞吕君与诸大夫亦间过视。"此外又"以先奉公授独秀诸拓本，家漓山下，日就手写所得次之。余悉按抄、拓至者之先后以为卷第"。另有《粤西金石略》编纂之例，此书为清代金石学名著，实从嘉庆《广西通志·金石略》稿本析出另刊。卷端胡虔序记广西巡抚谢启昆"欣然命工遍拓诸崖洞古刻，且檄郡县地方访求金石文献。顾其工不甚解其事，凡毡锤麝煤之法，架岩涸水之方,虔为亲指示之。每得一本,公即招虔坐清风堂评论佳恶,字之刓阙者推辨点画必苦思,得之则大笑以为乐,或遣材官走卒持手笺来征故事,作为诗歌,日或数至。盖公善理剧,粤西政简,以半日治公事而有余闲也。其后椎拓日多,郡县之脱本来者亦日众,于是摹写于纸,分件系年"。求取拓片,详加考录而后编纂成书,《桂胜》《粤西金石略》求取拓本以及考注方式前后一脉。

石刻拓本流传于世,多出于文人学者研读之需,或分赠友朋,进而辑录文字,或著录品名于目录。碑石既有刻立,而拓本则相应出现,碑刻与墨拓的关系如影之随形。唐代广西石刻有拓本出现,至宋代已广为流传于广西内外区域,特别是文化兴盛之地。唐代柳宗元《重复大云寺记》刻石为碑,宋代《宝刻丛编》据南宋王厚之《复斋碑录》记载:"唐重复大云寺记,唐柳宗元撰,正书。无名篆额。宪宗时立。"其著录内容即可以确定是依据拓本。另有沈传师书韩愈《柳州罗池庙碑》,宋代已有拓本外传。原碑久已毁失(嘉庆《广西通志·金石略》入《待访目录》),晚近尚存宋代孤本,因此可见名碑风貌。拓本即碑刻真身之副,其重要以及广泛影响可鉴于此。

宋代广西碑碣摩崖的名家名作,已引起学人广泛注意,既有金石学之盛,也有岭南开发的因素。即使在遥远之地,获得拓本较之唐代已有不少便利。张孝祥题"天下第一真仙之岩"刻于石壁之后,外间很快就有拓本传流。同时人赵蕃(1143~1229年)有《过曾季永见壁间张安国所书天下第一真仙之岩知有融州便托附

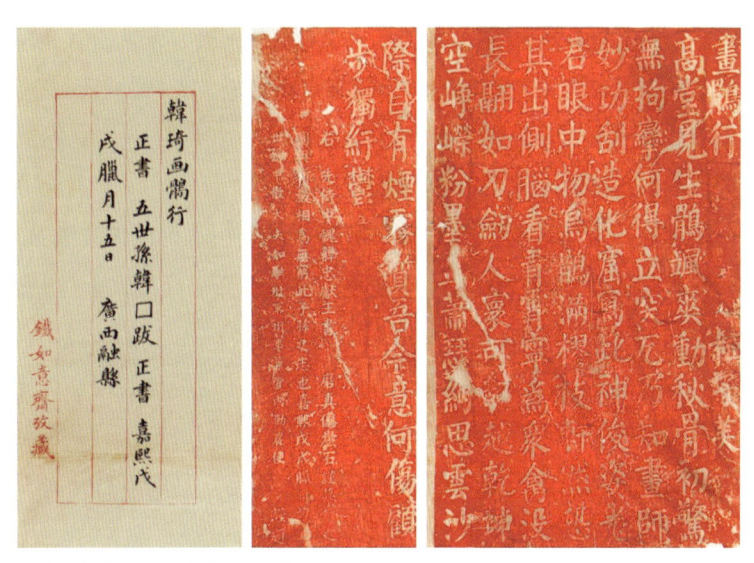

（宋）韩琦书杜甫《画鹘行》

贾季承书作二诗呈季永且怀季承》诗云："见井渴已止，投林心更欣。行方触炎热，坐觉远尘纷。谁满鹓鹭集，子犹麇鹿群。融州在何处？壁字带岩云。""不见融州使，无从可寄书。仙岩忽逢字，驿骑想非疏。室近宜人桂，官胜冲尹驴。江南热犹剧，岭外比何如。"赵蕃过访曾季永，得见这件"天下第一真仙之岩"拓片为融州州学教授贾遵祖（字季承）寄赠。遂作诗题赠"仙岩忽逢字，驿骑想非疏"，颇思求得拓本之意于不明言之中。又有韩休卿融州知州任上刻韩琦书杜甫诗《画鹘行》于真仙岩，时为嘉熙二年

（1238年）。随即也有拓本外传，见于董更《书录》著录，时为淳祐二年（1242年）："魏国忠献公韩琦，字稚圭。《书史》云：'韩忠献公好颜书，士俗皆学颜书。'世有石刻《画鹡行》大字一卷。"此"石刻《画鹡行》"即韩休卿刻石的拓本。

远处边方之地的广西，舟车不易。碑刻拓本得以传流散布，通常都是官宦学者之间的授受之物。不论金石著作或文人笔记，拓本是石刻品名著录的主要依据。明代初期，杨士奇以刘长吾（永乐年间任广西按察司佥事）而获得苏东坡书《罗池庙迎享送神诗》（《荔子碑》）、沈传师书《柳州罗池庙碑》的墨拓，有题跋见于《东里文续集》。此类事例多见于文人随笔，其中多有金石目录未记录的碑碣品名，值得研究者注意阅查。

到了清代，随着金石学的兴盛，学者对广西石刻文献收集可谓不遗余力，石刻拓本更是散传四方，无远而弗届。上林《智城碑》自道光年间思恩知府李彦章所见之后，学者纷纷求之，拓本自深谷丛林间得以传出。叶昌炽因江都张心泰之助而得拓本一纸，"以为至宝。后在厂肆见一本，有陈恭甫手跋，即载于《左海集》者也。去岁避地归，又以百钱得一通"（《语石》）。幼丹，即张心泰，广西巡抚张联桂之子。陈恭甫即陈寿祺，著有《左海集》。此碑旧拓本而今仍偶有散出。所见有改成经折装本一册，原为晚清书画家陈重庆题签旧藏，又有整张拓本先后为金石书法名家武慕姚等人递藏。近年见一旧拓佳本，浓墨精拓，字口清晰，不阴湿走墨。"阻""眇""尉""检""接""响""绵""舞""此""徽""烈""检"字等皆较完好，而晚出拓本全损或增损。

文人笔记或金石题跋里，有广西碑刻拓本经由何人、何时转赠收藏的记录。陆增祥（1816~1882年）所藏多种广西石刻名品来自友人"拓寄"。同治十三年（1874年）秋，融县吴纪云（字庆臣）拓印真仙岩石刻多本，《八琼室金石补正》跋语云："同治甲戌秋吴庆臣纪云大令摄宰马平，拓以赠予。"记《安灵庙诗碣》："安灵庙诗碣在融县，金石家所未见。甲戌秋吴庆臣大令拓寄。野老之语出自无稽，而祈雨应验，故有功德于民者，锡封庙食，谁曰不宜。杨幼舆于秩满之时，尚致永作丰年之请。拳拳民隐，亦复不可多见也，因表而出之。"梧州《戒石铭》原石在广西梧州府署。碑（已佚）分四层，第一层石额，宋太宗篆书，第二层为太宗御制文，黄庭坚书，第三层为高宗赵构诏谕，第四层为权邦彦、吕颐浩等人跋文。陆增祥藏旧拓有边跋云："碑在梧州府廨，《粤西金石略》载之，同治初元陈芗林观察见贻。"

叶昌炽广为收藏广西石刻名品，友人拓赠屡见于《语石》记载。《智城碑》因江都张心泰而得藏于书斋。桂林石刻拓本得广西巡抚张联桂之助："余桂林诸刻皆得之江都张丹叔中丞，又从厂肆拾遗补缺，十年几尽揽桂胜。"融水真仙岩石刻，来自友人之拓寄："常德唐召皆同年以词林改官融县，为余拓真仙岩诸石。以校谢录，互有增损。如绍兴庚辰历山王延年、庆元丁巳三山李君、绍定庚寅双井黄杞题名三则，及杜昱（嘉定十二年）、赵进臣（无年月）（刘按：淳熙十三年九月）、松庵道人诗（淳祐壬子），皆可补谢氏之缺。"（"谢氏"即《粤西金石略》，《柳州石刻集》著录杜昱、赵进臣两件）又记"元祐党籍碑亦有二石：一刻于庆元四年，在桂林龙隐岩；一刻于嘉定四年，在融县真仙岩。融本不易得，余借召皆之力，始克藏之"。《语石》："《家人卦》绍兴十九年温公之曾孙备倅广西融州，复摹刻于真仙岩之石壁。同年唐召皆令融县，为余拓得一本。"又有刘元亮（鞠农）光绪二十三年（1897年）任广西学政使，临行之前叶昌炽有所托请，《语石》有记载"粤西有《金刚经》两本：一在桂林万寿寺，五代楚马賨建，一在全州湘山寺，寺僧守诜据南唐保大五年寿州开元寺本重刻，皆法苑之珠林也。同年刘鞠农太史视学桂林，祖帐之日，余以二刻为托，曰他不敢请也。今报满矣，未知其能实践言否也"。求取名碑拓本之心愿，一语可知。另有范成大桂林题刻多种得之于王颂蔚："王茀卿农部以桂林诸山石刻见贻，复得公所书《碧虚铭》、《壶天观铭》、《祭新冢铭》、《鹿鸣燕诗》、屏风山栖霞洞题名，大小真行，皆臻能品。"《画象》"世所传山水诸刻"记"融县之《真仙岩图》"，《题名》"融县之贡士库记"，皆因友人之助而得。

诸玉衡（？~1841年）以友人庄子函之赠得碑碣拓本。有《柳州驱厉碑歌》诗，又《元祐党籍碑，庄子函见赠》诗云："庄子远自西粤归，贻我元祐党籍碑。缒幽榻向老君洞，点画完好无纤疑。"朱士端《宜禄堂收藏金石记》著录《唐龙城柳碣》，以旧拓摹刻上版，另加跋语云："此碣为吾友刘冰衫所赠，其尊人又徐先生判广西郁林州时所拓。"此碣又一拓本"得于都中琉璃厂稽文堂"。又有《宋元祐党籍碑》拓本"族兄咏斋所赠，敬挂壁间，使人时时有为君子之志"。

此外，如晚清金石学大家缪荃孙，况周颐得见的"马平仙奕山立鱼石室题刻七段拓本"原为东武刘氏旧藏。他的《艺风堂金石文字目》著录广西石刻数十种之多，有《廖州刺史韦敬辨智城碑》《逍遥楼》《湘南楼记》《独秀山新开石室记》，皆为唐宋石刻名品，积藏多来自友朋之助，或古玩商市所得。

叶昌炽曾于《语石》记载："二十年前，京都士大夫以金石相赏析。江阴缪筱珊、瑞安黄仲弢、嘉兴沈子培、番禺梁杭叔皆为欧赵之学，捐俸醵资，命工访拓。"广西远处边方，各种碑刻墨拓得以集散于京城等地。上述拓本传藏之例，即是石刻文献最为主要的传布方式。时至今日，收藏于各文博机构、图书馆内广西石刻名品的旧拓本，不论是直接或间接所得，绝多是历代文人官宦寄赠或行囊随带，或自藏，或脱手相赠，遂得以著录或用于研究。拓本传散天下，可称善莫大焉。

第三节 《荔子碑》风行天下

名碑由拓本传散，进而重刻，罗池庙《荔子碑》是一佳例。自南宋嘉定十三年（1220年）刻立于罗池庙之后，名传遐迩。历代书家文人爱重，所据大多为墨拓本。万历二十九年（1601年）状元张以诚据原拓临书《荔子碑》，至今尚存残件，笔墨颇得东坡先生遗意。晚明孙鑛《书画跋跋》有《荔子碑》一则云："余无此石刻本，然有一墨本，乃鄞张君所惠。似是先用钩法具间架，后乃更用笔书之者。秾艳而劲发有势。疑是南禺先生所临。因此思其原本必绝妙。今跋称是坡公司翁第一碑,谅不诬也。"南禺先生"即明代著名书法家丰坊(1492~1563年),书学极博,诸家自魏、晋及明靡不兼通规矩,尽从手出。据知丰坊亦必收藏《荔子碑》原拓,并有临书墨本流传。拓本以存藏不易,改为剪贴册页,以期保存且便于展观。晚近见旧拓册页本,原为名家沈迈士、周退密递藏之物。

墨拓传观仿临,不足以释爱重之心,复重刻以广流布。明正德年间之前,已有复制碑本,清人叶志诜《平安馆藏碑目》著录《罗池庙送迎神诗》原刻拓本之外,又记录有"明正德十一年十二月重刻本"。这通重刻碑立于何处,何人所刻,已无可考。清乾隆年间,柳州知府刘祖曾复制一碑存于罗池庙,以备不虞。此外,明万历、清顺治、清同治年间永州柳子庙三次重刻,康熙年间、民国时期成都三苏祠两度复制,光绪六年(1880年)日本有改碑为帖本而摹勒上石,光绪年间黄州又出现《景苏园帖》帖本,至1939年,在广西宾阳八仙洞,又有重刻于壁。

三苏祠"柳州碑"。四川眉州(眉山市)三苏祠是苏洵、苏轼、苏辙故居。庭院内绿水萦绕,荷池相通,小桥频频,曲径通幽,堂馆亭榭掩映在翠竹浓荫之中,错落有致。祠中消寒馆现已改作碑亭,珍藏历代碑刻共150多通。最夺人眼目的自然是苏东坡《罗池庙诗碑》(即荔子碑)、《表忠观碑》、《醉翁亭记》、《丰乐亭记》四大名碑。眉山人称"荔子碑"为"柳州碑",道出了祖本源出。"柳州碑"之一是康熙四十四年(1705年)眉州知州金一凤主持所刻。碑高220厘米,宽115厘米,碑文9行,行19字,与柳侯祠原碑款式不同。原碑跋语未刻，改为重刻识语："此苏长公所书柳州碑也，康熙乙酉州牧金一凤谨勒于石。"历经三百年风雨侵蚀，碑面受损明显，文字漶漫尤其严重。状况与所藏晚清拓本比较，可见晚近百十年碑石变化加剧之迹。康熙碑流传到民国时已剥蚀严重，字迹模糊不清。1916年，眉山人又重刻了一通"柳州碑"。主事者郭庆琮，奏刀者王龙山。碑末刻题识："此苏文忠公所书柳州碑也。州牧金一凤旧刻磨灭殆尽。昨从友人张幼泉得所藏宋拓本，双钩泐石。特记其始末云。民国五年邑人郭庆琮谨识。"碑高235厘米，宽104厘米。碑文8行，行19字，与柳侯祠原碑款式亦不同。笔者细加观摩，此碑刻制时间虽然晚出，但以旧拓翻刻，字形韵致与原碑形神尚称肖近。

永州三度重刻。在柳宗元任州司马达十年之久的永州有柳子庙。明万历二十四年（1596年），永州推官刘克勤曾令人据柳州罗池庙《荔子碑》拓本摹刻一通置于柳子祠（即柳子庙）。明清之交战乱，祠毁碑残。清顺治十四年（1657年），湖南分守道黄中通与永州知府魏绍芳捐俸鸠工重修庙宇。魏知府审视早已字体模糊、隐晦难辨的残碑，随即于顺治十六年（1659年）重刻于石，复以旧观。同治五年（1866年），廷桂出任永州知府，瞻拜之时见顺治重刻碑"历年久为无赖所撽，字灭半"，不堪观读。遗憾"独任其剥落"之际，得知谭仲维得"柳州太守孙子福同年"赠给"柳州拓本"，方知"长公碑版尚屹南天"。廷桂于是嘱学官郭粹安主理其事，并请石工郑兰分刻四块青石之上，深嵌庙宇西墙。同治七年（1868年）四月事成，廷桂书跋语一并刻于碑末。

《荔子碑》东渡日本。日本重刻《荔子碑》旧拓本有"梧阴文库"一印，知原藏于日本著名的国学院大学图书馆。改立碑为横帖，字心纵39.5厘米，横680厘米，前后为碑文、旧跋及重刻碑识文三部分。识语云："东坡大楷《罗池庙迎享送神诗》遒劲古雅，直逼平原，洵为神品，王弇州称苏书中第一碑，谅不诬也。项日谈山堂主人获古拓善本，摹勒寿石，索余一言，乃题廿八字云：柳侯功德韩公笔，苏子妙书谁得俦？人间名帖宁有比，并将三绝足千秋。明治庚辰纪元节，一六居士修。"下钤阳文"岩谷修印"、阴文"一六居士"印。下有刻拓款识，"明治十三年三月廿五日出板御届""摹勒者兵库县士族土居光华"，又"出板人东京府平民鹿岛利介"一行。明治庚辰纪元节（明治十三年）即光绪六年（1880年）岁初。"谈山堂主人"土居光华（1847~1918年），兵库县人，日本政治活动家、作家、翻译家和出版人，著有《英国文明史》《自由之理》，事迹见日本《百科事典》。"一六居士"岩谷修（岩谷修为姓，名一六），日本明治维新时代著名鉴赏家、汉学家，曾任日本修史馆一等编修，文部省书记官，善书法，精鉴赏，为日本书坛最有名的"三驾马车"之一。

颇堪玩味的是重刻本有文字错倒，原文"待侯不来兮，不知我悲，侯乘白驹兮"，刻为"待侯不来我兮不侯悲知乘白驹兮"，又原文"鹅之山兮柳之水桂树团团兮"，刻为"鹅之山兮柳桂树之水团团兮"，这很可能所据拓本剪贴册页本，或者是出于上石照应不及而出现误刻。题识说"人间名帖宁有比"，不称为"名碑"，似可证明其所据为册页。

● 日本重刻《荔子碑》

　　《荔子碑》东渡是中国文化传衍影响日本的一个重要史证。明治庚辰年（1880年）正是中、日文化交流特别时刻，当时日本正值明治维新脱亚入欧之际，举国学习西方，提倡新学，汉学为人废弃，汉文古籍也弃如敝屣。这年，杨守敬作为首任驻日公使何如璋随员东渡日本，居留四年。自撰《年谱》提及交往最密切友人时，首位就是岩谷修。出于学术考据需要，杨守敬将所藏汉魏六朝碑帖13000余件带到日本，传观友人。与岩谷修笔谈中说："欲尽发所藏，为此邦人别开生面，使千载后知此邦得睹中土金石自某之始，余愿已足。"又建议"先生留心碑版如此，而未见六朝之碑，此亦恨事"。当这些粗犷古拙、充满山野气息的北碑书法，对长期奉王羲之为正统的日本行草书法而言，具有极其强烈的冲击力。书坛掀起一股崇尚北碑书法的浪潮，从而使日本书道迅速从传统帖学转向碑学。杨守敬也因这一无心插柳之举，被誉为"日本现代书道之父"。《荔子碑》重刻也因此成为日本书法一个时代结束的标志。这年三月重刻完成，杨守敬于四月东渡开始文化之旅。历史的接痕居然如此严丝合缝，这真是不得不让人发出一声惊叹。

《景苏园帖》"荔子碑"。湖北宜都杨守敬（1839~1915年），是集历史地理学家、金石文字学家、版本目录学家、书法艺术家、藏书家于一身的大学者，《清史稿·文苑》称为"鄂学灵光者垂二十年"。他访书日本，返回后在湖北黄冈教谕任上与杨寿昌联手集刻制的《景苏园帖》成为"集苏书之大观"的经典巨制。全套石刻126方，囊括苏东坡不同时期的书法作品72件。光绪十六年（1890年），成都人杨寿昌任东坡曾贬谪之地的黄冈知县，以世无善本，故发辑刻东坡书帖之愿，遂与杨守敬联手，由杨守敬从收藏法帖、碑拓选出拟刻篇目，共同审定。次年起，杨寿昌出资请武昌著名石工刘宝臣摹刻上石。原定选刻四卷，后又增补两卷。刻碑之初，杨寿昌在衙署西侧修"景苏园"，拟将刻石置于园内，故名之《景苏园帖》。帖石刻成之后，拓片若干，每卷为一册，全套共六册。笔者曾见传经楼主人陈庆年（1862~1929年）传经楼旧藏本，拓工极佳，纸墨精好，流存百年，依然如故。《景苏园帖》现藏于湖北黄冈东坡赤壁碑阁。帖石总数126块，而《荔子碑》占据几乎半壁。刻石改长方碑式为帖本横式，加上跋语，共分刻为宽77厘米、高32厘米的19块石。每石刻8字，末石正文及重文3字，另有刻石跋文。杨寿昌称此碑"瑰玮雄宕，与

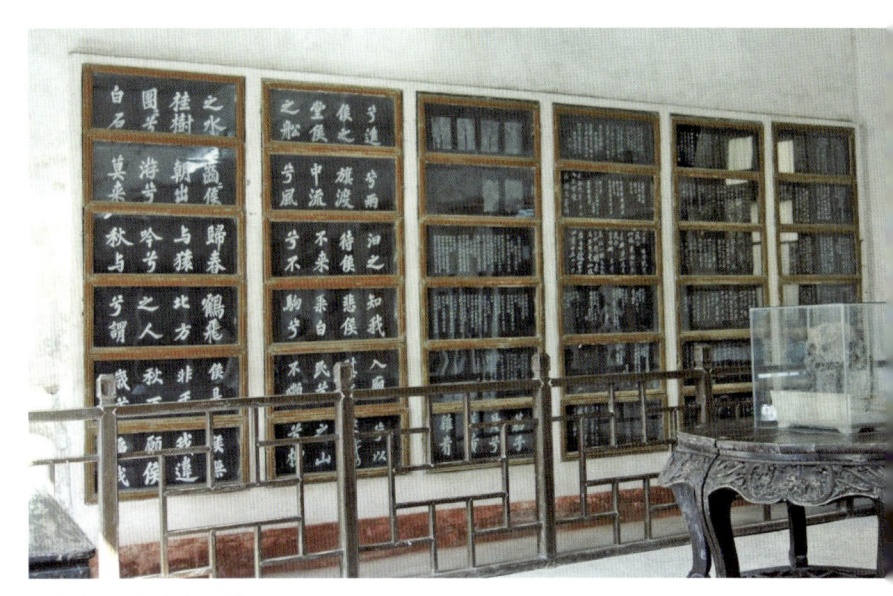

● 景苏园帖本《荔子碑》

《表忠观》《丰乐亭》《醉翁亭》等碑并为世宝。友人自岭右以拓本见贻，尾有宋嘉定中从政郎柳州军事推官跋语记此刻始末，而字迹漫灭，难以悉辨。予遂以原本上石，而跋阙焉。兹帖内唯此为公大书，较《表忠观》等碑尤完好，盖蛮烟瘴雨之乡，拓者盖鲜，形神独全。爰亟镌之，以备公书之体云"。帖本所据旧拓"形神独全"，杨守敬亲自主理，刻石出自名工之手，故能毕肖原碑，传其精神韵致，是《荔子碑》化身中的珍品。

广西宾阳将军山八仙岩《荔子碑》刻于洞内东崖壁，保存完好。刻石者李毓杰见于民国《上林县志》:"贵州补用布库大使。历署古州厅照磨册亨知县,贞丰知州,代理八寨同知。入民国为永淳县长。"跋语云:"值此中日长期抗战,敌机肆虐,柳城几无干净土,又安知□重刻此不再毁乎。民国二八年王□甫□余□禹宗到舍,谈及修缮八仙岩以避敌机事。因将佺承刚前在柳差次得原刻一幅与之,嘱刻此碑于岩。碑与石山并寿,既刻已存古迹,亦可以点缀名胜,诚两得之举也。"时为"民国二十八年己卯秋日"。

《荔子碑》一纸风行,馥芬四方。学者求取墨拓传观仿临,复重刻以广流布,这无疑是中国碑帖文化的一件韵事。

第三章　文史著述与石刻文献

广西古代石刻文献的整理晚近以来已有不同类型、不同收录范围的各种著作，蔚为大观，学者就石刻分布、内容和价值等专题各有论述。至于古代石刻如何著录，特别是与相关典籍之间的关系，则是笔者要阐明的重点。

古代石刻文献的传录主要通过三种载体：其一，拓本为原迹影真副本，已见前述。其二，至迟自唐代起，有关著述与石刻文献互为因果，既是刻石镌碑的底本，又辑记石刻文献。其三，历代地方志为石刻文献主要载体。本书"著述"主要指记录石刻的文史著作（其中笔记类著作较多记载）、专事考录石刻品名或题跋辑文的金石学专著。这两类著作之间，内容往往相兼，只不过著述体例有别，文辞略有异同而已。

文献"著录"泛指记录，特指以书名列入目录，随文兼用。即相当于石刻名称记录、文字辑录或摘录，亦指对文献内容和形式特征进行分析、选择和记录的过程。此与晚清金石学家叶昌炽《语石》述金石"著录"之意旨，略有异同。

第一节　文人著作与石刻著录

以文章标题而言，文人所作"碑记"即是为刻碑而撰，其他文章题名"记"，其实亦多为刻碑而作。元和年间柳宗元《柳州东亭记》题名虽无"碑"字，实为刻碑而作，文末有云"既成，作石于中室，书以告后之人庶勿坏"。唐代文人著作随笔记录石刻，见于光化二年（899年）莫休符《桂林风土记》，也是石刻文献著录的重要标志。《隐仙亭》："有从事皇甫湜、吴武陵撰碑碣三所。"《开元寺震井》："有前使褚公亲笔写《金刚经》碑，在舍利塔前。"（褚公，褚遂良）《延龄寺圣像》："寺有古像，征于碑碣，盖庐舍那佛之所报身也。"《桂州陈都督》："遂特除桂州都督，今府署大厅厅壁记且列名氏。"（即职官题名碑）。《訾家洲·訾家洲亭记》："有大儒柳宗元员外撰碑千余言，犹在。"皇甫湜题刻"碑碣"立于隐仙亭，当为题咏山水胜景之作。张鸣凤《桂故》"隐山相传有皇甫湜、吴武陵、韦宗卿所为记，湜文不存"，即据《桂林风土记》为说。既然莫休符亲见而记，而非"相传"。吴武陵《新开隐山记》（宝历元年，825年）一文，金石目录多有记载。皇甫湜碑未见南宋《舆地纪胜》记载，《皇甫持正文集》亦无题咏桂林风物之作，此碑因莫休符的记录得知为桂林唐代石刻佚碑之一。

柳宗元《訾家洲亭记》自撰文、刻碑置立至最终毁失，文献记载是唐代广西石刻著录与实物相互印证一重要实例。此文的撰

（唐）李渤《南溪诗并序》

写者柳宗元在《上裴行立中丞訾家洲记启》中云"伏奉处分，令撰《訾家洲事记》。伏以境之殊尤者，必待才之绝妙以极其词。今是亭之胜，甲于天下，而猥顾鄙陋，使之为记"，又"窃伏详忖，进退若坠。久稽篆刻，则有违慢之辜；速课空薄，又见疏芜之累。惩期废事，尤所战栗。谨修撰讫上献"云云。"久稽篆刻"知此文为立碑而撰，文成即"移书献记"，并于元和十三年（818年）刻碑立于訾家洲亭中。名人名碑文人尤为留心探寻，据《桂林风土记》唐代光化年间此碑"犹在"。至南宋绍兴年间赵夔游桂林，居正悟寺，《桂林二十四岩洞歌》有"秦碑、柳记已难观，漓水南流泛渺漫"句，"柳记"即《訾家洲亭记》。至于何以"难观"？诗述未详。实则此时《訾家洲亭记》碑石已断裂，嘉定年间刘克庄寻访亲见，《訾家洲二首》云"毁记欺无主，存祠怕有灵。今人轻古迹，此地少曾经"，又"断碑莫怪千回读，今代何人笔力同"。《訾家洲亭记》断碑历元入明，至洪武年间仍存，见于桂林府儒学教授陈琏《訾家洲怀古》有"裴公遗址荒秋草，柳子残碑卧夕阳"之句。至正德十三年（1518年）宗玺再访时，残碑已了无痕迹，遂题记于象鼻山，"召居民询柳侯故碑，亦莫有能言者"。至于明人王应遴《墨华通考》记《訾家洲亭记》，是否据旧拓本著录，或是从典籍抄录名目，已无法确定。

明代张鸣凤《桂胜》《桂故》在广西石刻文献传播史上极具价值。此书专记桂林名胜，引用有诗、文、题名三类，诗文多据石刻或文集辑入，而题名则尽为据摩崖记入。此书编纂的经过及方法详见于张鸣凤自序。考录石刻题注具体所在，间注规格大小、书体等，虽非石刻著录专书，而文献收集备至，考订方法与清代金石学专著相近。例如唐代韩云卿《平蛮颂并序》，作者题款一行即据摩崖照录，而旧志《艺文志》辑录此类碑文时往往不取前后题款，仅录撰者姓名。《四库提要》评价云："《桂胜》以山水标目各引证诸书叙述于前，即以历代诗文附本条下，而于石刻题名之类搜采尤详，又随事附以考证，多所订正。董斯张《吴兴备志》、朱彝尊《日下旧闻》即全仿其体例，于地志之中最为典雅。"《桂胜》之后，崇祯年间广西参议曹学佺编纂《大明一统名胜志》，内有《广西名胜志》十卷，桂林石刻记录多采自《桂胜》，并引其说。

清代广西乡贤况祥麟、朱依真、王维新等致力于石刻文献的收集编纂。桂林朱依真（字小岑，乾隆间布衣）为嘉庆《广西通志》编纂者之一，又致力于广西石刻的整理，曾约李文藻一起编纂《桂林金石志》，见于况周颐《蕙风簃二笔》："小岑先生客羊城时，与李南涧先生文藻为金石交，约同修《桂林金石志》，见《九芝草堂诗》自注。"即《哭南涧司马》诗"小亭虚雪片，北牖掩山霏"句下有注"君病中约余署斋启北牖，将同修《桂林金石志》"。李文藻病殁，《桂林金石志》未能编成。嘉庆年间桂林举人况祥麟《杂识二篇》内有《广西金石目》记录品名。嘉道年间容县举人王维新撰成《都峤山志》，《自序》"辑成六卷，《形胜》后即继《金石》，以此为山之贵重者也"。《宾州金石志》一卷钞本传于世，即道光张鹏展纂修《宾州志》时纂集。著述类型有诗文笔记，亦有金石专著。

晚清民初专事研究广西石刻的乡贤以况周颐成绩尤为突出。况周颐（1859~1926年），收藏书籍及金石碑版极富，精于考订。虽长期生活于外地，对广西石刻文献尤其措意，编纂《粤西金石略补遗》，另有《万县西南山石刻记》二卷、《清朝金石文录》等金石学专著。其间考述刘玉麐《粤西金石录》稿本与谢启昆《粤西金石略》关系，见于《香东漫笔》：

《续扬州府志·艺文志》："《粤西金石录》，刘玉麐撰，卷数未详。"谢氏启昆《粤西金石略》（即《通志·金石略》）多引刘说，而不著《金石录》之名，然决非未刻之本明矣，今通扬州无知玉麐其人者，其书讵可复得。按《宝应县志·循良列传》："玉麐字又徐，乾隆丁酉拔贡，官郁林直隶州州判，百色苗乱，随营治军书，日夜不辍，以积劳卒于军，恩加按察司经历。"又"刘氏吾粤名宦，《金石录》下开谢志，有筚路蓝缕之功，其人乌可勿考，因亟著于篇，以俟谭金录、修志乘者采焉。临桂读书岩唐孟简题名，旁刻乾隆壬子七月七日刘玉麐跋，上距丁酉选拔十有六年，刘氏殆久官粤西者，宜其搜罗宏富也"。

况周颐著录宋代石刻，有《蕙风簃二笔》记载柳州仙奕山立鱼峰题刻多件，为谢启昆《广西通志·金石略》未著录。自况周颐记录之后，以笔者考察所见，这些题刻残损日甚，或有毁失，后出记录又或失记，偶见记录名目而未能辑文。文人笔述之功德，有益于乡邦文献可见于此。

学者对广西唐宋时期石刻尤其注意收集考录，实以远处边方，外间极难得见之故，前述学者求取唐代《智城碑》拓本即一例。清代金石学著述如林，学术深入，著录考订尤其细致。文人史家别集所记或随笔所录，与金石学著作并无不同，只是行文灵活更富于文人情趣而已。

学者文集多有随笔记载石刻品名并题跋，时有未见于金石专著记载，考察古代石刻存佚时应予注意。明洪武年间桂林府学教授陈琏《琴轩集》有《跋胡澹庵书》："右忠简胡公上高宗封事遗稿，其子渤尝刻诸汉中宪台及石鼓书院，岁久寝灭。厥孙撂知融州，复以是稿及周沂公、杨诚斋诸先辈题跋镵于玉融真仙岩。宪佥李公文宪观风至，因拓以归，装潢成轴，属题其后。"同时人杨士奇亦得此拓本，有《跋胡忠简公封事稿》一则云："右吾郡胡忠简封事稿，有周文忠公、杨文节公题跋在后。忠简孙撂刻于融州真仙岩，刘长吾得之以惠余。"永丰刘长吾永乐二年（1404年）进士，永乐十三年（1415年）官广西佥事。此例并非巧合，而是文人求取墨拓的真情实事。《胡忠简公封事稿》题刻既未见于旧志记录，石刻目录亦缺载（融州知州胡撂，融县旧志未记）。吴宽《匏翁家藏集》有《跋东坡和人梦游桂林西峰诗刻》："此东坡和人梦游桂林西峰诗也。石刻在桂林府学，字画纤细，颇不类他刻。盖其石嵌壁间，岁久，为人手摸而平，故文浅而然。顾工部以公事至广西，知予所欲得也，拓而见赠，惜乎纸墨不甚精耳。"此碑似亦未见于金石目录。张祥河道光二十五年（1845年）任广西布政使，《粤西笔述》杂采群籍，《上林智诚洞唐碑》录全文，考补《粤西金石略》之阙,有云:"又上林智诚洞唐碑,道光间始有拓本,字约千余,而《通志》所载,仅止一二百余字,不知何人删改。"同治年间杨翰《粤西得碑记》记述寻访广西(主要为桂林、梧州两地)石刻,得见《广西通志·金石略》未著录宋代石刻多件,又参据友朋赠寄名碑拓本,或引证学者题咏,详加考订。其实,文人学者不仅对石刻详加记载考订,一诗一咏也不离壁间题刻。张祥河《桂林名胜诗画图》描绘桂林山水名胜,每及石刻。有《还珠洞》诗:"还珠有灵洞,佳谶到科名。窈窕漓江上,弯环夜月生。断碑封鸟迹,长筏逼滩声。癸水亭何在,空余望古情(洞口有石下生如柱,向离石二尺许,谶云:'岩石连,出状元。'明包裕有诗云:'岩中石合状元征。'今刻洞中)。"又《龙隐洞》:"如鼎峙然三洞幽,平蛮三将姓名留。老龙隐处真成窟,春水生时欲吸舟。怪石荧荧珠颔摘,荒榛莽莽殻文流。党碑非复崇宁本,肥瘦评量到柳州(党籍碑,宋钤辖梁律刻于庆元戊午,吉州饶祖尧跋之。柳州融县亦有是碑,则沈暐刻于嘉定辛未,相距十四年。二君喜其祖与涑水、眉山,焰耀千古,以家藏本重刊之,非崇宁中原本也)。"这些文人题咏之作连篇累牍,多附加考证内容。限于篇幅,略举即止。

清代学者专注于金石研究,所发现石刻种类及录文,对于地方文献纂辑和志书编纂,自有重要助益。刘玉麐久宦广西,每至一地,必考察碑碣摩崖,所著为《粤西金石略》所采用。嘉庆《广西通志·艺文略》:"《桂林岩洞题刻记》三册,存。谨按:刘玉麐,字春浦,江苏宝应人。乾隆丁酉拔贡生,广西试用州判。

是书凡东峰一册，龙隐岩一册，南溪一册，所记二百一十六种，手拓者一百六十九种，间有考证。盖初成稿本，玉麐卒，稿藏其友刑部郎中临川李秉礼家。"《金石略》辑入《南溪元岩铭并序》《皇祐平蛮题记》《劝农事文》《元祐党籍碑》等引用刘玉麐考证，并予注明。民国蒙起鹏《广西近代经籍志》记谢启昆"《粤西金石略》十五卷，待访目录一卷，阮文达公由嘉庆《广西通志》中抽刻。其底本即宝应刘玉麐《粤西金石录》也。《通志·艺文略》称刘玉麐《桂林岩洞题刻记》，稿藏其友人临川李秉礼家云云，但不著《金石录》之名，刻否亦不可知，经阮公抽刻单行后，刘氏之名遂为所掩矣"（况周颐称"然决非未刻之本明矣"，蒙起鹏谓"刻否亦不可知"，说有异同。按：刘玉麐《粤西金石录》有刻本之说无确证）。李文藻编纂《粤西金石记》，有钞本一册，民国时尚存世（今未知是否尚存于世），见于《续修四库全书提要》著录："《粤西金石记》一卷，清李文藻辑，此册前后无序跋，分县记石刻目录，虽以粤西为题名，而册中只桂林府所属临桂、兴安、灵川、阳朔、永宁、永福、义宁、全州、灌阳石刻，其余各府厅州县石刻并未记入。"内容似与朱依真编纂的《桂林金石志》相合，而标题《粤西金石记》则当时似有编纂广西金石志的愿望。

类此之例普遍见于学者著作记载。另如清代学者缪荃孙"《艺风堂藏石目》著录粤石多谢志所未载，商之艺风先生陆续借归绎文"。况周颐得以编为《粤西金石略补遗》之事，已见前述。晚清金武祥久寓广西，有《都峤山石刻记》记载："岩内存碣以南汉为最古，有乾和四年陈亿五百罗汉碑记。又断碑一，陈亿姓名，尚可辨识。又大宝四年佛像碑，又大宝七年蔡珽庆赞记碑。此外经幢二，为乾和十三年罗汉融造，尚完好，其一存半截，款文仅辨'女弟子□廿五娘造幢一所'而已。窃谓岭外碑碣，隋唐已鲜，南汉亦渐稀。此六种，《广西通志》及《南汉金石志》均未著录，故无知者。都峤名山，应存古碣，因详记各刻于左。文虽卑陋，其官位亦足考一时之制，可补《十国春秋·百官表》所未及也。"如今碑已佚失，所见旧拓一纸，下半缺一角，文字更增漫漶。金祥武拓碑释读，较之后出释文增多若干，参之光绪《容县志》辑文，几近可释出全文。

学者亲自踏勘，制取拓本，据实辑记，详加考证，存真求实。金石文献的考录与官修地方志《金石志》相为辅成，成为一时风气。既有一批金石著作编纂，又有笔记杂撰专事著录，或辑入文集，成为普遍情形。

第二节　李时亮《古碑总录》

两宋是中国金石学发展出现的第一个高峰期，金石学专著有欧阳修《集古录》、赵明诚《金石录》、洪适《隶释》《隶续》、欧阳棐《集古录目》，又有陈思《宝刻丛编》《诸道石刻录》（久佚，《宝刻丛编》引录）等，著录广西石刻有吴武陵《新开隐山六洞记》（桂林）、柳宗元《重复大云寺记》（柳州）、韩愈《罗池庙碑》（柳州）、元结《冰井铭》（梧州）等，这些广西区域以外学者的著作，大多是直接或间接依据石刻拓本进行研究并著录。偏隅一地的广西，乡贤李时亮有《古碑总录》，这是广西学术史上具有时代意义的著作。

李时亮（1007年~？），广西博白县人，宋嘉祐二年（1057年）进士。李时亮事迹见于《元一统志》记载："李时亮，博白人，年十八乡举首选，录其文，谒广西帅俞靖，见而异之。留之馆下，与其子弟讲学。后登第，与陶弼相善。累官知廉州，有治声。后还京师，赐钱三百缗，银币称之。时亮善属文，尤长于诗，与陶弼佳作号《李陶集》。弼字商翁。"又有洪武《郁林志》记载："李时亮，字端夫，乃县之盘鳞乡人也。宋嘉祐三年以进士第。是时余襄、陶商翁皆在廉、钦，甚奇时亮之材，举为廉、钦二郡守。屡有异政。神宗时交人犯境，时亮献平边策十道，及上疏言军民得失五十余条。上览而嘉之，特赐银青光禄大夫、检校上骑常侍兼御史大夫供备库副使、左藏上骑都尉、开国伯，立公祠于学。"互相参读，可知其人生平。

《古碑总录》见于南宋《舆地纪胜·贺州·官吏·李邰》："邰遂出知贺州，为政有声，民怀其惠。邰自有记，乃太和五年也。记今不存。见李时亮《古碑总录》。"（又见于《宋本方舆胜览·贺州·官吏》李邰条）。《舆地纪胜》李邰传之下为李回传："李回，字昭庆，新兴王德良六世孙。长庆中擢进士第，又策贤良，累迁门下侍郎。出为剑南西川节度使，以与李德裕厚善，坐贬贺州刺史。见李氏古碑。"李邰、李回两传相连，"李氏古碑"承上文，为"李时亮《古碑总录》"省文。同卷《碑记》有"《幽山丹甑记》，大和五年李邰撰"，即上文"邰自有记"，为《古碑总录》

著录的碑记之一。《舆地纪胜》引用各典籍通常频次较多，而《古碑总录》之名仅两见于此卷，则《古碑总录》当为贺州碑碣辑录著作，或如宋代田概《京兆金石录》之类。

《舆地纪胜》："甑山在州西五里，高千余丈。《寰宇记》及《郡国志》旧名幽山。唐太和中李郜以中台郎出刺是州，宽惠爱民。山有彩烟覆其上，旬日不散，遂易名甑山。"《幽山丹甑记》题名后出志书仍有记录，见于光绪《贺县志》"唐泰和四年，庆云见于甑山，五彩氤氲，旬日不散。适李郜来任贺州刺史，因更名瑞云山（府志）"，"丹甑山：城西七里。接近里许曰幽山，俗名二甑：一山两峰，端然并峙，为县之主山。唐太和时彩云见，刺史李郜更名瑞云。因建瑞云亭，有记不存。亭今废。瑞云晴霁为八景之一"。

第三节　金石专著记录石刻名品

古代金石著作收录的广西石刻大多刻制于元代之前，以名传遐迩的名品为主。阅查所见，极少见于记录的碑刻，有真仙岩苏东坡诗刻见于《菉竹堂碑目》。此碑拓本存藏于叶盛（1420~1474年）"菉竹堂"。叶盛天顺二年（1458年）四月擢都察院右佥都御史、巡抚两广。收藏金石碑版甚富，自两广归时携归碑刻拓本三大箧，题为"五岭奇观"。《菉竹堂碑目》著录："清虚堂饮归示定国，融县真仙岩。苏轼撰并书，元祐三年十二月。"参以《碑目》另记"真仙岩亭赋，融县""真仙岩图，融县"，可证真仙岩东坡诗刻石拓本为实藏之物。此后，柳州府通判桑悦游真仙岩，《仙岩记》有云："岩中碑刻甚多，非数日不能尽观。略可记者，元祐党籍碑、韩魏公像及魏公所书老杜义（画）鹘行，端楷森严，可敬可爱。苏、黄字则散漫其中。"此"苏、黄字"当指苏轼、黄庭坚书法石刻。至崇祯年间徐霞客游寓真仙岩时，《粤西游日记》只有黄庭坚诗刻记载，而未及东坡之作。笔者所见晚近编纂的《真仙岩石刻目录》，著录黄杞刻"黄庭坚诗"（无年款）、黄杞刻"苏、黄像"（无年款），亦未记苏诗题刻著录。

  金石家陆增祥有言："金有时毁，石有时泐，赖墨本以传之。墨本聚散何常，存亡赖著录以传之。"（《八琼室金石补正》）清代乾隆嘉庆年间，广西石刻拓本广泛为文人拓取搜求，因此得以著录于诸多金石著作。王昶《金石萃编》为清代金石学继往开来的巨著，其中收录石刻名品《逍遥楼》、《元祐党籍碑》、东坡书韩愈《罗池庙迎送神辞碑》，又宣和元年（1119年）刘镒《桂林伏波岩还珠洞题名》等。孙星衍、严可均《平津馆金石萃编》辑入桂林《四望山记》，善兴寺塔铭（有跋语称为"金石家未著录"，可见拓本流传罕见）。钱大昕《潜研堂金石文跋尾》著录《舜庙碑》并详加考订前人之说。叶志铣《平安馆碑目》著录善兴寺塔铭，唐代《叠彩山小记》《四望山小记》，南汉《新开宴石山记》等，又宋代《平蛮三将题名》《虞帝庙碑》《海洋山灵泽记》等。《绩语堂题跋》有《元祐党籍碑跋》。碑刻名品为金石家垂意。《柳州罗池庙碑》自宋代著录于欧阳修《集古录跋尾》，有跋，又见于欧阳棐《集古录目》、陈思《宝刻丛编》，董逌《广川书跋》有《罗池庙碑》跋文三篇，明人于奕正《天下金石志》、王应遴《墨华通考》、陈鉴《碑薮》均有著录。清人魏锡曾《绩语堂碑录》考定墨拓尺寸，嘉庆《广西通志·金石略》记入《待访目录》。朱长文《古今碑帖考》记入。民国欧阳辅《集古求真》有《罗池庙碑》题记。一通名碑，多至数十家著录。

诸家考录，大体多据拓本，详注记尺寸、所在、书体、行格等。又有录入碑刻全文，或校典籍所载异同，比较旧本、新拓之异，或参据考订其他金石著作。无拓本所据，则多转引于《粤西金石略》等。所著录大多为名品，罕见之碑，重在文献价值，又注意名人碑刻。金石目录有据实藏记录，亦有辗转引录。例如于奕正《天下金石志》分省列入各地金石名品，多据典籍书目记入。石刻品名是否实存，未有标注，题刻所在地点偶有误记。因此，据金石目录推断石刻存佚状况，应参考其他证据，方能得出正确结论。

第四章　方志与石刻文献

历代地方志是古代石刻文献最主要的载体。相对于金石学专著、文人笔记的读阅和研究，方志最贴近乡邦民众，历代以来记录的大量石刻（碑记）有最广泛的读者，更是文人史家最直接利用的文献。今就古代至民国时期编纂出版的总志，广西通志、府州县志，以及相关典籍进行专题查阅所见，对方志与石刻著录之间的关系进行考察。

古代广西方志著录石刻的基本方式和特点。唐宋至明代初期，志书编纂直接据于碑刻，则通常全录其文。以广西现存的方志所见，大约嘉靖年间编纂的方志收录诗文，通常标题"艺文"（即清代方志通常定名的《艺文志》），辑刻石刻（碑记）时既有受制于文献来源、刊刻条件等因素，更因形成的观念，辑入碑文时往往与原文有一定差异。即通常删省前后题款，碑阴文字绝多不辑录。清代考据学兴盛之后，影响所及广西部分地方志相继设置《金石志》，以金石学考订方法著录石刻。

第一节　明初之前方志著录石刻的特点

唐代广西有多种州县《图经》(《旧经》)、风土记(有莫休符《桂林风土记》),已记录石刻品名。至宋代,方志、风土记这类地方著作记录石刻品名并引录诗文已相当普遍,从《永乐大典》现存广西方志残卷片文,以及宋代《舆地纪胜》《方舆胜览》、元代《大元一统志》、明初《寰宇通志》《大明一统志》引录的宋代志书内容得以证明。

今以《舆地纪胜》(南宋宝庆至绍定初刊行)为例。此书编纂大量采录各府州地方志(《图经》《郡志》),反映出宋代书志著录石刻的事实。浔州卷引录(浔州)《旧经》、(浔州)《图经》、《浔江志》。《碑记》记载:"南海乾和白石秀林之记,乾和三年岁次乙酉(乙巳之误)奉敕镌石玉皇仪像侍卫九躯,并修金箓斋庆赞记,臣吴可一撰。余襄公学记,在庆历中,详见《修贡院记》。白石洞阳明观记,景祐二年立。龚州厅壁记,潘阳石瑊撰。太守题名记,大观二年郡守张浙云。"(乙酉为"乙巳"之误,斋字前脱"设"字,见吴兰修《南汉金石志》)又《风俗形胜》:"思得淑人君子通我德教,以坏以冶,俾其向风面内心洽而孚。潘阳石瑊《龚州厅壁记》。"这些可以确定是从方志引录碑记名目若干,记录碑文撰者,偶有摘录碑文,印证宋代浔州志书对石刻著录已较为详实。《舆地纪胜》桂林卷《碑记》记载,"李弥明诗刻,在唐帝祠""唐大历磨崖,在舜祠""訾家洲亭石记,訾氏所居,訾氏亭记，柳宗元文"。记录碑刻名目之外，又记录地方志等文献"桂林志，鲍同序""桂林编，黄岂编，钊褒序""桂海志，范石湖序"。柳州卷征引《柳州旧经》《柳州图经》《龙城图志》记录碑碣摩崖，王安中《新殿记》见于《柳州·景物下》："灵泉寺，在州南岸三时，仙弈山、立鱼山之中，绍兴丁巳改为报恩，有翠微亭，崖石刻王初寮诗碑。"另见于《碑记》："灵泉寺磨崖碑，王安中。"又记"大云寺，柳宗元碑，见存""乾明寺碑，柳子厚来刺是邦而建寺，有碑"。融州卷引用《融州旧经》《融州图经》《玉融志》，《碑记》记载"唐平蛮刻，久视元年""天下第一真仙之岩，张于湖书"。

宋代至明初编纂的广西府州县方志，石刻（碑碣摩崖）主要收录于《文章》，偶有或附记于《山川》等名目。《永乐大典·梧州府·文章》辑引旧志，设有《文章》，平行于《建置沿革》《疆里》《风俗形势》《宦绩》等，诗文引自明洪武《古藤郡志》（又题《古藤志》，标题《古今文集》）、洪武《郁林志》、洪武《容州志》、洪武《苍梧郡志》。大体反映彼时《文章》类归属，相当于清代方志通常设置的《艺文志》。

《梧州府·宦绩》引洪武《古藤志》"文魁"事迹之后，有"详在《石刻》，兹不赘录"一语，记张那海事迹之后，有"具见《石刻》"一语；《古今过化人物》记"李卫公靖"事迹，有"阴功具见碑文，兹不录"一语。此《石刻》《碑文》收录于本志《文章》内。碑文直接据原石录入，《文章》据《古藤志》下的《古今文集》引录《李卫公上西岳书》，有小字注"誊录石刻真迹"，即谓直接引录于石刻。《古藤志》前为《古今文集》，下为《古今碑记》，即收录碑文，下为《古今诗集》。《古今碑记》首篇为《断碑》：

[藤县]（缺二十六字）登儒科由荐送至试（缺十三字）。京其一也。公本藤人，随父（缺十二字）元年（缺文）仁宗皇帝（缺十九字）宠（缺八字）于鄂而于藤者得非以桑梓为（缺三字）邦寻究书序本末，几阁之文既无所订正，访诸耆旧及冯氏之族之后，亦无所谂其详者。郡志直谓六字皆出宸翰，意必有所凭据。或谓当时止是遵奉御笔，指挥立此。惜岁月浸远，文简又寄籍他邦，至于文献不足证也。惟公一代伟人，不惟科目鲜俪而立朝，大节亦著见青史，可谓上不负天子，下不负所学矣。臣假守于兹，每谓此事中州犹不多见，讵敢不揭而扬之，以称先朝宠褒之意，于是摹而勒诸石，期与藤之山川相与不朽，且冀有振遗响于寥寥之后者云。淳祐元年，岁次辛丑，九月吉日，朝散郎、宣差权知藤州军州兼管内农事、赐绯鱼袋臣李万顿首谨跋。

碑文之下有跋语："斯石乃宋仁庙御书赐文简公者，守臣李万欲其久而识诸石。岁久石毁，宸翰逸去，斯文亦漫灭过半，训导石如器起诸涂泥而树之庑间，所谓御书六字竟不知何字。在淳祐初已不得其要领，况后世乎？余家珍藏文同竹石，上有朱墨玺书。固陵赐先作肃公者，其一本有御写'风清节劲，可励臣子'等字，为好事者窃去。前进士宋先生梦鼎识之曰'丰城之剑，非博物者不能知，而其分合变化，又有人所不可知者，此所谓宝也'。余愧张华多矣，当宝其幸存者以俟之。愚意斯石亦犹是也。他日宸翰昭回，焕然一出，与斯石合，讵可量哉。文仲亦将宝其幸存者以俟之。"此文据原碑辑入，保留撰文刻碑者题款全文，并标示缺损字数，并碑文跋语，与金石志、金石著作考录方式一致，详明或有过之。

《断碑》以下有《重修李卫公祠堂记》《藤城记》《冯太守德政碑》。又元统二年（1334年）四月《藤州儒学集书记》（述购书建楼藏书事，"兹以所购书目刻于后石"，则前石刻正文，后石刻录书籍名称）。《古今碑记》以原式誊录辑入，即原碑题下原无撰者姓名，而题署于碑文之末，并立石时间等。

《文章》下《梧州》引《苍梧志》有《本州学记》《梧州六贤堂记》《嘉鱼亭记》《梧州朗吟亭记》等多篇，又引《古藤志》《容州志》等碑文，文末题款全录者多有之。《梧州六贤堂记》："又即黉舍塑六贤之像，并以其本末刻之于石，使学者岁时具香火，谒先圣已，则退而旅拜六贤于祠堂之下，瞻其像，想见其风采，而生希慕之心，如在乡党焉。其敦劝诱掖，可谓至矣。孟子曰'舜何人也？予何人也？'学者姑勉之。异日有继六贤之后，父兄子弟名重一时，光传青史者，无忘吾太守李公敦劝诱掖之力也。"文末题款："绍圣二年三月初一日，苍梧县令兼簿尉事舒勉记。"《梧州路厅壁记》"思诚持宪广西，按部于斯，适公宇之新，亦惟为政之始也。愚又责其郡之所能，不敢强其不能者。至于兴建之颠末，岁月之久近，材木之多寡，工役之繁约，可得而略也"之下，题款"时至元二年三月初三日，亚中大夫、佥岭南广西道肃政廉访司事吕思诚谨记"。《梧州路总管府题名记》文末题款："至正五年，岁在己酉正月既望，前浔州路儒学教授蕲春潘仁撰并书，奉议大夫、佥岭南广西道肃政廉访司事河东宋思义篆额。"《梧州重修五显庙记》题款："时洪武元年冬十一月，前奉训大夫、湖广等处行中书省左右司员外郎陈汝揖撰，前亚中大夫、梧州路达鲁花赤兼管内劝农防御事权知府事拜住立石。"引明初《郁林志·文章》有《鼎建庙学记》"余尝分宪至是矣，故因其征言为述本末，俾刻诸石，后之守是邦者，庶有感于斯文"之后题款："时至元五年，岁次己卯，十二月日，奉议大夫、蔚林州知州兼劝农事张按摊不花等立石，太中大夫、岭南广西道肃政廉访司副使笃鲁丁撰记。"这些编纂于洪武年间的多种府、州志多据原碑录文，故题款保留原状。比较之例有《苍梧志·文章》引《本州学记》，题下原式无作者洪迈姓名，题款"绍兴三十一年五月九日记。左承议郎、枢密院检详诸房文字、兼国史院编修官洪迈撰"，是依碑文录入。崇祯《梧州府志》引洪迈《重修梧州府学记》，题后有"绍兴三十二年"一语，文末无作者职衔、时间题款一行，且改题名为"梧州府"（宋代为梧州）。

明正德十一年（1516年）《湘山事状全集》据宋刻本重刊，并增入明代内容若干，其录文仍能保留宋刊本辑文原状。《西库公据》一则记载"使司据湘山报恩光孝禅寺住持祖潮状，先于癸巳年十月内交割院事，常住百色空虚，惟东库所存库本钱二百八十八贯文市。自入院之后，革除浮泛支遣，不一二年间

填还旧债,施主题舍修堂殿厅庑"云云,文末有全州各职官题衔一段:

> 右出给公据付湘山报恩光孝禅寺收执照应
> 嘉熙二年三月十日给
> 县丞兼签厅林 押
> 司理兼签厅张 押
> 军事推官赵 押
> 朝散郎全州通判军州事许 押
> 朝请大夫知全州军州事许 押

《西库公据》据《湘山寺创库资金执照碑》录文。此碑刻于南宋嘉熙二年(1238年)六月十六日,连额通高163厘米,宽89厘米。碑、额均正书,唐桂跂,僧清湘刻。附刻嘉熙三年(1239年)十二月一日及淳祐四年(1244年)十二月蒋梦良捐资题记两款。《湘山事状全集》据此碑辑入全文,与清代方志《艺文志》据原碑录文时绝多将题款、碑文或删除或简略,形成明显区别。

明代初期的方志录碑文仍多依旧式。建文年间《桂林郡志》(桂林府学教授陈琏纂修,建文三年,即1401年刻本,今存景泰元年,即1450年补版重印本),全书大量诗文据自元代《桂林志》,因此保持宋元方志卷目设置以及内容编辑特点,除承旧典文本之外,采录碑文时保留原文形态。卷二十五《碑》,收录碑记。碑文题名、撰者以及撰文时间等题款各有不同。有未题"碑"

（宋）湘山寺创库执照碑

而实际付刻碑之文，如张庄《崇宁新建平允从州城寨记》、张维《风雷雨师坛记》等。《静江府修筑城池记》（章时发撰）摩崖在桂林鹦鹉山，题款残存"□□□□□□□□□□□□□□□□□□□提点刑狱□□□提举□□□路常平□□借紫章时发记"，《桂林郡志》录文"是年四月□日朝散大夫权发遣广南西路提点刑狱公事兼提举广南西路常平等事借紫章时发记"，保留原碑题款。周刊《龙隐岩释迦寺记》署款已无原碑形态，是元代《桂林志》录文已如此。又有汪应辰《清惠庙记》、石安民《白石江神女庙记》等。题款详略不一，是所据文本之不同。卷二十七《记》，有唐代鱼孟威《重修灵渠记》题名："桂管都防禁御观察处置等使、朝散大夫、检校散骑常侍兼桂州刺史、御史大夫、上柱国、赐紫金鱼袋鱼孟威。"文末"咸通十一年四月望日记"（《舆地纪胜》记《碑刻》："重修灵渠记，唐刺史鱼孟威撰。"）。宋人李师中《兴安县浚灵渠记》文末题款"（嘉祐）五年正月十五日师中记"。卷三十《记》，据原碑录文有《祷祈有感记》，题下无撰者姓名，文末题款"洪武十八年岁在乙丑六月三日括苍林麟伯撰"一行。又《贺太守吴侯重建广西南门桥序》录文题款"正统十一年春二月望桂林府阳朔县儒学教儒潮郡萧文郁序"，陈琏《重筑灵渠记》文末题款"岁在丁丑春桂林府学教授羊城陈琏记"，俱如原碑原式辑入全文。

张栻《张南轩先生文集》有关广西所作碑文前后均无题款。《静江府学记》仅于题下截取"乾道六年春二月"一句，《桂林郡志》卷二十五录文题为《新学记》，文末题款"乾道六年春二月丙戌右承务郎直秘阁权发遣严州主管学事赐紫金鱼袋张栻记"（此文汪森《粤西文载》辑文缺失题款，则撰于何时如内文无明确标志则不可知）。又《静江府厅壁题名记》至"以见善善不忘之意云"结束，《桂林郡志》题为《牧守题名记》，文末有题款"淳熙三年二月戊子承事郎、直宝文阁、权发遣静江军府主管学事兼管内劝农事、广南西路兵马都钤辖兼主管本路兵马经略安抚司公事、兼提举买马赐紫金鱼袋张栻记"一段。比较同时期《韶音洞记》（《文集》未收录）题款（淳熙）"四年十月戊子广汉张栻记"之简略，撰者行文自有其用意：一用于职官题名之庄重严谨，一为岩洞亭阁文人闲雅之文。不加分别一例删除，则于考史无益。《粤西文载》录《韶音洞记》无题款，作于何时只能从文中"淳熙三年秋""明年秋"推得。上述各例显示至明初期方志编纂石刻，仍承前志之旧，新近采录之文通常保留石刻文字原本形态。

宋元时期志书编纂使用石刻文献时，通常分门别类采入各相应卷目。《桂林郡志》引元代《桂林志》张栻《牧守题名记》，正文录入《文》，附于原碑之末职官姓名任年等则辑入《题名》（相当于之后志书《秩官志》）。碑文"自开宝三年王师平定岭南以乐继能为守，至于今凡二百有七载合七十有六人书之于石"，《题名》自乐继能至张栻名录正好76人。能够一直保存宋元明初碑文秩官题名辑录之例的有康熙《全州志》。《秩官·宋知州》到离任时间及官衔多有记录（与今存洪武《永州府志·秩官·全州》所录宋代知州姓名、官衔可互补，此志未记职任年）。康熙《全州志》的《宋知州》补入宋代知州若干，有题识云"旧志所不载，予于断碑残楮中得之"，知编纂者另得见宋代题名碑残件。《艺文》收录沈现庆历八年（1048年）十月《郡守题名记》、熙宁六年（1073年）八月陆济《后记》、淳祐四年（1244年）正月邓均《续题名记》三篇碑记，各碑末原附职官名录已移入《职官表》。这些不一定是康熙《全州志》编纂所为，但因承续旧志之法，故得以完整保留，较之广西同时期诸多志书宋代职官严重缺略，形成明显的区别。

第二节　《艺文志》与石刻文献之关系

广西明代地方志除《桂林郡志》景泰重印本之外，所存均为嘉靖之后编纂。这些明清《广西通志》及府志、州志、县志，大体以"艺文"为标题（嘉靖《广西通志》标示为《杂著文》《杂著诗》，嘉靖郭楠纂《南宁府志》设置《艺文》卷），《艺文志》辑入《碑记》《记》（其中多为碑碣）以及其他体裁诗文等，成为定式。《艺文志》之外，相当部分志书在《山川》《城池》《学宫》《坛庙》卷目内附录碑记等诗文。

嘉靖《南宁府志·艺文》"表、传、记"，又"记、杂著、诗"，"记"多为刻石碑记。万历《宾州志·艺文志》所录刻石之文有庄朝宾《右江兵备道题名记》。崇祯《廉州府志·艺文志》"记、碑、序"三类，张岳《灵山城池记》有"兹郡相率来请文，故为具著始末，勒石以告来者俾有考焉"之语，方钰《林公德政碑》谓"俾刻诸石"。康熙《廉州府志·艺文志》为《古集》《续集》两目，所录多碑记，有付刻石之文，前后平行于《奏议志》《诗赋志》。

乾隆《廉州府志·艺文志》上下分录《奏疏》《记》。雍正《灵山县志·艺文志》有《建立启圣公祠碑记》(林长存,国朝知县)等,均付之刻碑。康熙《湘山志·古迹》录摩崖、碑刻等,仅记题目,或标示见《艺文》,有《舍利碑记》《重修姚明塔刻》等。康熙《左州志·艺文》"旧艺文""序""歌行""碑记""记"等。康熙《灵山县志·艺文志》分"碑""记""叙"三目,"碑"为刻石之文。康熙《钦州志·艺文志》分"碑记""榜文",乾隆《灵山县志·艺文志》分"记、序、诗、赋"。《艺文志》之外,旧志又以《古迹》附录碑碣摩崖。乾隆《北流县志·古迹》附《石刻》,记录摩崖题刻三件,《艺文志·记》多为刻石之碑(如安九埏《鼎建学宫记》文末"因备举其故而勒之石"),此则以《石刻》专指摩崖。记录古迹之时,时有涉及石刻文字,如乾隆《梧州府志·古迹》间录石刻文字,"冰井铭,城东里许东为冰井寺。井对火山,味甘洌。唐大历间经略使元结过梧,为之铭曰:火山无火,冰井无冰。□□□□,甘寒可凝。铸金磨石,篆刻此铭。置之泉上,彰厥后生。贞元十二年章武重修,后圮。宜和间郡守萧磐访得之,有'井名未磨灭,我自发沉晦'之句。绍兴间州守任通直修之,又勒为双井碑。天顺间总督叶盛构亭覆之,改名漫泉,有记。后碑亭俱废。总督韩雍复建"(□□□□缺文为"唯彼清泉")。

上述各志《艺文志》所收录碑记通常将文题简略,原碑上下款题款或省或删。其中转录自旧志或文集姑且不论,新采碑刻亦大多"删繁就简"。

仍以上述《桂林郡志》引鱼孟威《重修灵渠记》为例,题衔

"桂管都防禁御观察处置等使、朝散大夫、检校散骑常侍兼桂州刺史、御史大夫、上柱国、赐紫金鱼袋鱼孟威",文末题款"咸通十一年四月望日记"二句,嘉靖《广西通志·沟洫》附录此文(标题"灵渠记")并之后汪森《粤西文载》、康熙《桂林府志》、雍正《广西通志》、乾隆《兴安县志》、嘉庆《广西通志》、道光《兴安县志》等相承均缺失。又吴武陵《新开隐山记》末款"宝历元年八月三日记"一语,各旧志亦无。此《艺文志》录碑"删繁就简"之法,于石刻文献之用实有损失。碑刻正文内容,原与碑前后题款彼此照应,一经删除,往往无法确定相关事实。《桂林郡志》李师中《兴安县浚灵渠记》"嘉祐三年,诏置都水监",又"明年以诸道提点刑狱兼领河渠事",题款"(嘉祐)五年正月十五日师中记"。后出志书引文缺失(删省)"五年正月十五日师中记",则修渠完成于何时,碑文撰作于何时无从得知。

删削省简作者题衔、文末时间题款等,《艺文志》录文与原碑不免异同,或致误讹。《桂林郡志·靖江府射圃记》,题款"洪武庚戌二月吉日记"即洪武三年(1370年),作者题名处为墨条,未能确定撰者。汪森《粤西文载》录文题作《桂林府学射圃记》,作者"陈琏",无文末题款,当从其他典籍辑入。"洪武二年始令郡县学建射圃","时中书参知政事刘公以节镇来临",刘公即刘惟敬,以行省参政洪武二年(1369年)任广西布政使,文题"靖江府"作于未改称桂林府之前,撰文者非陈琏可知。《粤西文载》(或所据)等典籍旧志录文缺失题款,又改易文题,因此误署作者为陈琏,显因不当删削导致。

碑刻与《艺文志》辑文文字异同之例。一是清人陈元龙《灵渠凿石开滩记》原有捐资人名、数额文字："巡抚广西等处地方、提督军务、兵部左侍郎、兼都察院右副都御史、加三级陈讳元龙，广西等处承宣布政使司布政使、今内升仍带所升之级留原任、加二级黄讳国材，广西等处提刑按察使司按察使、纪录二十三次、议叙加二级年讳希尧，广西桂林军盐分府、加三级、纪录二十四次、兼理督修黄讳之孝，以上捐俸银壹仟贰佰两。"又附记修理河道地名一段："修理河道地名列后：灵川大河脚盆滩，陡滩，石心滩，大埠陡止。兴安地方进小河冷水坝，娘娘坝，黄毛坝，走沙滩，社公坝，黑石坝，标滩，金山坳，贺家塘，大石门，宗庙，倒风塘，唐家司，东桥铺，北乡河口止，共十九处。"末为立碑时间"康熙五十四年岁在乙未季冬月中浣谷旦立"。乾隆《兴安县志·艺文志》辑入此文仅于标题下标示作者"陈元龙"，上列原碑文字一概不录。

二是道光《融县志·艺文》唐麟《贡士碑》"公名继祖，字振宗，今官奉议郎，分符刺融。当路嘉其治行，列剡以闻，实为郡国课最第一云"完结，缺失原碑旧拓本题款一段文字："绍定改元孟春既望，门生文林郎、融州司理参军、权教授零陵唐麟记。门生修职郎、州司法参军临庆毛奎书。门生修职郎、融州融水县尉兼主簿庐陵罗君贤题额。学生州学职事覃芹、张翀、□思温、黎元文、王有德、唐思聪、莫若渊、欧阳安国、黎士衡、黎应时、粟渊、欧阳安仁、陈惟德、黎嬰、李梦照等磨崖于老君洞天。玉融黄升表镌工。"全文记述创立贡士库缘由，题款删除造成刻制时间、与事者及其身份、刻石人等缺失。这些涉及宋代州学制度的事实：州学设教授一员，为州学学官。教授之职：以经术行义训导诸生，主持课试，监督执行学规，同时兼领祭祀先圣先师典礼、主持管理礼庙及图书、礼器和学校财务等。"学生州学职事"参考上文"门生"行文例，为"学生、州学职事"，即"学生"为州学学生，学成之后任"州学职事"之员。州学职事为宋代州学教学职员之称。宋制，州学教授之外，州学依次设有讲书、学正、学录、堂长、学谕、典客、学计、直学、经谕和教谕等教学及教学辅助人员和杂务职事。宋初地方学官多请名儒担任，聘自民间，并由地方官辟差。仁宗庆历兴学时规定由在任官员兼任，地方官员无适当人选，方取民间"宿学有道业者"充任。此碑末所列"覃芹、张翀、□思温、黎光文、王有德、唐思聪、莫若渊、欧阳安国、黎士衡、黎应时、粟渊、欧阳安仁、陈惟德、黎婴、李梦照"等人，正是融州"宿学有道业者"，其中覃芹又见于绍定元年（1228年）《刘公岩记》题款"乡贡进士州学学正覃芹"。

三是融水真仙岩宋人易被撰《真仙岩亭赋》，文末一段文字云："仙岩旧有杰阁，岁月浸久，漫不复存。粹然假守是邦，念胜景不可湮没，因其遗址重创数椽。侍读直院尚书易公即旧名大书以榜于亭，又出绪余为之赋。一旦兹岩发挥胜概，于久废之余，旧观复还，隐然为岭服之重，粹然与有荣焉。谨志诸石，庶托不朽云。嘉定二年十二月丁卯，朝奉郎权知融州军州兼管内劝农事借紫鲍粹然书，迪功郎融州怀远县尉兼主簿柳之方隶额。"录文出现在康熙年间汪森《粤西文载》、道光《融县志·艺文》时，已缺失此段文字。

总之，清代方志《金石志》出现之前，旧志《艺文志》收录碑记，据石刻录文或据旧志辑入大多仅存正文，原碑前后题款绝多删除或省简，碑阴文字如记录捐资人名、店铺、金额等大多删略，《题名碑》所附刻职任姓名极少录入。碑刻所在少有记注，而规格、行格等更无著录。这种方式已形成统一模式，且各地之间互为效仿，成为普遍情形。推原其由，是艺文所选重在"教化""资治"意识，亦有官方碑记题衔冗长的篇幅以及印制条件所限等因素，致使碑刻内容未得全文原貌保留。此是《艺文志》录文的通例，就文献研究利用而言，似亦可称为通病。

至于清代广西方志辑入石刻时回归到据实考录原文，是受到清代金石学的影响，大体以嘉庆《广西通志·金石略》的出现为标志。

第三节 《金石志》出现及其与《艺文志》的关系

清代金石学兴盛对方志《金石志》编纂影响最为重要，主要在于石刻著录方法一定程度改变和修正地方志《艺文志》的记录方式，石刻文献价值因之极大提高。

上章曾略述清代学者对广西金石文献的收集研究，与官修志书互为推动，进而有金石专志出现。谢启昆主修的嘉庆《广西通志》设置《金石略》为代表（稿本另辑出刊为《粤西金石略》

十五卷，牌记"嘉庆六年仲冬，铜鼓亭刊"，出版在嘉庆《广西通志》之前），开广西方志"金石志"之体，以收录丰富、严谨著录成为典范之作。《金石略》十五卷收录自晋至元代广西各地石刻，包括题名、诗文、寺庙碑记、佛经碑文、舍利函记、修桥路记、像赞、墓志、神道碑、墓砖文及钟鼎款文等金石文字，共483件。每件实据拓本分别记录标题、正文内容、题末署款等，标注书体、字样大小，并引正史或诸金石题录、文人笔记等为提要。最后为《铜鼓考》《待访目录》，列出待访碑目83件。《金石略》收录石刻以宋代最多，桂林一地占绝大部分，外府州县则限于采访条件，辑入有限。考录方式主要以拓片为依据，释读文字存真，位置所在、书体、尺寸一一注记，最大可能保存石刻文本内容和形态。

《广西通志·金石略》影响所及，广西一部分志书（府、州、县志等）设置《金石志》（铜器、摩崖碑碣等）专卷或专目，并以金石学方式考录石刻题名、规格大小字体各项，或详录碑碣摩崖文字。

在嘉庆《广西通志》编纂前后，广西较少一部分以金石学考订方式编纂石刻的志书，篇目设置略有异同。

稍早于嘉庆《广西通志》编纂的嘉庆《临桂县志》（总纂胡虔、朱依真），未设《金石志》，而于《山川》卷详录石刻诗文，并记所在、规格、题款等，标注"以上《石刻》"以清眉目，实际与金石著作的编纂方式无异。

维持旧志传统原有的《艺文志》，另行设置《金石志》，此调和旧式与新制之法，是通常的一种模式。诸如：一、嘉庆《灵山县志》以《艺文志》《金石志》并行。金石卷下分碑刻、摩崖两类。访寻原碑，每则石刻残文以□示之，后有考述按语，并记雍正《灵山县志》、乾隆《灵山县志》是否记录，以及彼此文字异同。张岳《重修灵山县城记》下有按注："乾隆旧志节去之字固属未当，雍正旧志本亦间有异同之字，或当时已稍阙佚，以意补之，或偶易之，俱未可知。"另列出碑记文字异同多例，并记旧志误书及以意改动致成误文等。碑刻标注所在及迁移重置情况，摩崖记所在位置、上下高低之处。石刻原文明显误字亦据实证校出，缺文据旧志录文校补。行文之时随记考察石刻"洗刷出之"，语属闲笔而知寻碑并洗、剔、拓印等过程。又《金石志》与相关各卷互为照应，录于《建置志》的碑记，则于《金石志》标注碑名。考录方式明显受嘉庆《广西通志》影响，且更进一步。相形之下，可见《金石志》与传统《艺文志》录文文献价值高下之别。二、道光《宾州志》以《金石》《艺文》（内分记、书、碑、论、诗）平行，《金石》记石刻所在及存佚，文或录于《艺文》，亦有录于《金石》内，并交相说明。其例如《右江兵备题名碑》"记载《艺文》，不重录，录其题名"，即以旧志碑文录于《艺文》，题名则记于《金石》，并补出《艺文》碑文未录职任各人。此方法将传统《艺文志》只录正文而忽视碑文附记内容得以补救。三、道光《博白县志·古迹》（冢墓、胜景附图、金石），《马门滩碑》《宴石寺碑》注详《艺文志》（即《艺文》卷内刘崇远《新开宴石山记》），《南楼城碑》注详《艺文志》（即《重修博白县城记》）。

《金石》《艺文》两部类互为照应，反映由传统旧志《艺文》转为《艺文》《金石》各有分属且互为照应的编纂体例。四、道光《廉州府志》设《艺文志》（一至四）分别收录奏、疏、条议、记、序、书、杂记、诗赋。《金石》分州县著录金石品名及所在、存佚，间或择记石刻文字并标识残泐。著录隋大业五年（609年）《宁越郡钦江县正议大夫之碑》（宁赟碑）于道光六年（1826年）出土，述内容大要以及地方文人传拓识辨并呈告官府诸情。此时"适修辑郡志，急为补入"。墓碑全文记入《艺文》。合浦县《南汉新开宴石山碑记》（宴石山在博白县之西，旧属廉州合浦县界）记碑题名款，而"文载艺文"。《金石志》《艺文志》各有分合，并互相照应。五、道光《平南县志》卷端《凡例》云："旧志不载金石，兹仿《通志》之例将古碑记、钟鼎、石刻另作一篇，附于《古迹》之后，以便省览。"《器铭·石刻·碑记》，石刻为摩崖题刻，碑刻录碑题并所在，标记碑文另见《艺文》。《艺文·记》所录碑记上下款多未保留。光绪《平南县志》承前志而有进境。《金石略》篇目依承嘉庆《广西通志》之体，石刻存者记所在、间记规格及字数，并录文，残缺文以□识之，漫灭残存并记。碑记已佚则据典籍录文，一改乾隆《平南县志》、道光《平南县志》录文未标所在、存佚而多予标识，将碑记从旧志《艺文志》改归《金石志》。《艺文略》则如嘉庆《广西通志》，著录书目，兼录序跋。六、光绪《临桂县志·艺文志》为乡贤著作书目并提要，又《金石志》考证并详录各文，据"新采"考订入志，又采录嘉庆《广西通志·金石略》所记。所收仍以元代为下限，偶采明清碑刻。不属付以刻石的诗赋文等不再辑入。七、道光《钦州志·古迹志》设置《金石》(嘉靖《钦州志》、康熙《钦州志》、雍正《钦州志》均有《古迹》目而未及金石内容)，据《舆地纪胜》《广东通志》等考辑已佚金石如"铜柱""天威遥碑"等，录入新见《宁越郡钦江县正议大夫之碑》。另天涯亭记等碑则参见《艺文》，以传统《艺文志》与新编《金石志》相互照应，使之分置归类合理，且不至于重复录文。此《金石》虽隶于《古迹》卷之下，而已有详考备注出处、存佚、所在，录文标示残缺，实同《金石志》模式。八、光绪《容县志·金石志》(上下卷)考证甚备，记录石刻各项极详，如标题横纵如"横额"，各书体如"真书"，标题字径，标题小字旁注字径大小，题款各分行及字径，正文记各行、字数、字径大小，又将残缺字依样摹刻，全缺字注明并以"□"表示，缺字不详示以"不知几字"。碑文之下考述位置所在、碑制大小、碑面缺残情况。在摄影制图尚未能运用的年代，著录详明已达写真程度。碑文涉及人物官职则据典籍记录，并考述订正前人之误。此为以考据学、金石学用入地方志编纂之佳例，其学术程度比之《粤西金石略》更进一步。已久佚碑刻则仍著录，并据典籍辑入碑文，如《景星寺碑》引《全唐文》，并注云："右景星寺碑，卢藏用撰，其碑已失，据《全唐文》录出。旧志、通志未载此文，盖失考也。"云云。《艺文志》记乡贤著作，又以《附编》辑入有关容县诗文，其中有自唐人集等辑入碑记等。

另有志书将石刻内容相应编纂入志，其卷目设置或有不同。嘉庆《上林志稿·杂缀》有《金石》目，记碑碣摩崖题名及所在，收录"韦厥碑""罗隐题句"等,《艺文·序记》录入韦厥碑全文。道光《兴安县志·艺文·文征》《艺文·诗征·金石》,以艺文、金石平行。道光《融县志·古迹》下列《石刻》(碑碣、摩崖)。同治《苍梧县志·艺文志》下附录《金石》,著录铜鼓、碑刻、摩崖,采引《广西通志》、旧志、文人笔记等,间附考证,择要录文,或详文另见于他卷。光绪《镇安府志·凡例》于旧志诗文依《吴郡志》之例"诗文分注",而"此次所搜碑碣亦同此例"采入。另于《胜迹志》各则下有标注据"采访册",则用嘉庆《广西通志》之例。偶有附入相关碑记,依原刻文字记录,于残损之文以□□示之。

这种因时势而变通之法,是融合传统与革新之举。石刻诗文本属"艺文",传统《艺文志》碑碣摩崖原文仅存文字,无涉位置、尺寸、行格等形态。自《金石志》设置,又有将金石纳入《艺文志》之内,或平行列目,此又一调和之法。光绪《郁林州志·艺文编·金石、铜鼓附》,艺文录旧志并新采诗文,内多碑记。金石所录有摩崖、碑刻。如《天庆观碑》据实物录记,保持原貌,记残佚文字并标识。光绪《贵县志·纪文》全编,包括艺文编目、古今碑籍、古近体诗、金石。民国《钦县志·艺文志》上为"文类""诗类",《艺文志》下为《金》《石》《艺术》,并于志前《编例》云:"金石、艺术简例□湖南、山东两通志体例,俱以经、史、子、集、金石作项,列入《艺文志》内,本编亦从其体例,而于《艺文志》(下)列《金石》,添入《艺术》,与朱志列《金石》入《古迹》者异,与各旧修以《金石》《古迹》各为一志目者亦异。"此述相异之处在于改传统旧志《金石》附入《古迹》，或平行，而在艺文类增加《金石》一项。

《金石志》以据实考录方法全面反映石刻文字状态，改变传统《艺文志》录文弊端，对石刻文献著录以及文献利用研究价值而言，是极大进步。

不过，直至清末广西府州县方志仍多有未设《金石志》，碑刻仍以传统《艺文志》辑录的方式。道光《南宁府志》所录清代碑记，落款、年代、撰人、立石人等削略无存。道光《浔州府志》、同治《浔州府志》、道光《平乐府志》、光绪《富川县志》、嘉庆《藤县志》、同治《藤县志》等不过移录前志，新采碑碣题名并落款多省简其文。

民国时期的广西志书，《金石》设置为独立门类已成为通识，并随着各种新学科、新事业成为志书记载内容，具体篇目设置则与其他相关门类互为协调，出现一些新的变化。

民国《合浦县志·艺文》下含《书目》《金石》。民国《融县志》设《金石》。民国《靖西县志·金石》下含"铜鼓、铁钟、鹅字碑"等。民国《田西县志·文化》下设《科学》《文学》《金石》《宗教》等目。民国《宁明县志·艺文》设"旧诗辑""碑记""墓志"等类。民国《那马县志草略·文化门》分《教育》《著述汇载》《金石》等类。民国《隆山县志·文化》分《艺文》《金石》。民国《融县志·古迹》下为《名胜》《金石》《塔寺》《冢墓》诸目。民国《上林县志·艺文部》下《金石》与《文录》《诗录》平行，石刻详考所在、规格、书体，引据考订旧典之误，如"千军镇"题刻者右江兵备副使郑登高，嘉庆《广西通志·职官表》误作"郑嵩"。民国《凤山县志·文化编》以《文学》《金石》《宗教》平列。

民国《柳江县志稿·石刻》设（一）碑碣（二）摩崖收录石刻。碑刻、摩崖存世者记所在，或加跋语。复从旧志《艺文志》及前人文集录入碑记，标记"碑无存，附记"，或"旧志"以示出处。例一，"《柳侯祠祭田记》康熙十一年骆士愤撰，旧志"。附按语："柳侯祭田坐落中渡县地方，于民廿五年归柳江县地方金库经理。年收租谷折银桂币四百五十元，仍作柳侯春秋二祭及粘补祠宇之用。其祭田地图存在金库。"例二，"《修建立鱼峰亭宇记》，郑献甫撰，碑存，记附"。例三，"《二圣庙碑记》光绪九年，郑献甫撰，碑存，记附"（文题下"光绪九年"或为刻碑之年）。例四，"《新殿记》，此碑记摩崖于天马山（即仙弈山）左腋，与仙弈胜迹相近。民国十七年，柳州火灾，当道以工代赈，准就近各山取石填路，此碑几遭余劫。负保存之责者勿令与仙弈胜迹同一感慨可也"。例五，"《广西历任提督题名碑》此碑宽度，只可题名至苏元春止，而提督亦移驻龙州。冥冥之中，若有定数。此碑今移存柳侯祠内"。例六，文安礼诗刻"为怀禅悦无生活，来访双林宴圣人。相对未寒香烬冷，马蹄归去踏红尘。潞国文安礼劝农近郊，食罢，与客谒天宁玮公上人，因书此日逸兴于石室。绍兴六年四月上休"，后有识语："按文公绍兴五年任柳太守。诗及序言刻于仙弈山小岩口，草书，约七八分大。"

民国《贵县志》(梁岵庐等纂)，尤重石刻，《金石》存佚并记，详书所在、规格尺寸、书体、行格等，并内容提要。民国《田西县志·文化》设《科学》《文学》《金石》《宗教》等目,《金石》记铜鼓等物,录碑文若干。民国《邕宁县志·古迹志》将《金石》集中记入,援据旧籍记存佚、待访。民国《贺县志》第六编《文化》下《著述》录入诗文,相当于旧志《艺文》,另设《金石》录铜钟、古砖等物。民国《桂平县志·古迹》含《古金石》,记《碑刻》《铜鼓》《铁柱》。《碑刻》(石刻)内含碑、墓志、题额、摩崖题刻等,旧籍(旧志)及现存石刻品名,存、佚并记。《文录》各卷诗文多有刻石碑记,并未参见名目于《古金石》,有失彼此照应。民国《信都县志·文化》之下《著述类》诗文碑记多为刻石之物,而《金石》目只记铁钟、铜鼓各一件,实为将石刻类移出《金石》,这无疑反映出传统与新识之间欠协调。民国《全县志·文化》下《宗教》《教育》《艺文》《艺术》《著述汇载》《金石》。民国《灵川县志·胜迹》各条附碑记等,如《海阳庙》附录淳熙十四年(1187年)三月陈邕《海阳山灵泽庙之记》,碑后题"秦燡刻石"。山岩名胜亦间记题刻文字,或录文。《进士题名碑》《邑令题名碑》《王公遐思碑》,间录文,或仅记题目。民国《隆安县志·古迹》《名胜》条目下间记石刻题处内容概略,而碑记仍录《艺文》内。民国《迁江县志·文化》下《文艺》录诗,又《艺术》下有《金石》目,为铜器、石刻题诗、碑记目录。民国《阳朔县志·文化》设《金石》一目,平行于《文学》《著述》。《金石》内记碑记、摩崖二类。《阳朔膏泽峰祠碑》《阳朔县纪事碑》(旧志通常归于《艺文》)等刻石之碑归属于《金石志》。民国《昭平县志·古迹部》之《遗迹·附金石》记摩崖题刻,《艺文部》分

《诗歌·文记》。《文记》所录碑记，部分录上下题款，偶有附录碑阴，保留传统归属于《艺文》而著录方式已用金石学方式。民国《灵山县志·艺文志》以《著述》收录书目，兼有提要。附《杂著类》录唐人宁原悌《时政疏》等前贤名文，又清人碑文、序记等，则既仿嘉庆《广西通志》之《艺文略》，又仍传统《艺文志》辑录诗文。《艺文志·金石》则以金石著录方式，考订旧志录文之缺脱讹误。如张岳《重修灵山县城记》，据原碑考订"乾隆旧志本节去之字固为未当，而雍正旧志本亦间有异同之字。或当时已稍阙佚，以意补之，或偶易之，俱未可知"。以下举列异文种种，实以"得其原碑"考订。其他各文均详加考订，或据原碑订雍正《灵山县志》、乾隆《灵山县志》删节、脱缺之误，或考彼此文字异同。本目下设《磨崖碑刻》一类，专录摩崖，录文详记所，记尺寸，书体等，并标明"以上旧志""以上续志"以及新采，统名为《艺文志》，与传统《艺文志》名实已有明显之异。民国《凌云县志》为现代志书编目，《文化》下为《教育》《科学》《文学》《金石》《宗教》并列。《文学》只录诗作，《金石》录碑碣摩崖，详记所在、规格、书体、撰作者，间录原文。民国《田西县志》录碑文如原式，并及作者年款，刻工姓名录入，体现现代金石学于方志石刻考录之影响。

总之，《金石》《艺文》平列设置，著录时互为参照，成为民国时期一批志书通常采用的方式，体现现代金石学发展与志书体例协调推进的格局。

民国时期，广西地方志仍然有相当一部分并未设置《金石志》,而以传统《艺文志》方式辑文。民国(民国三年,1914年)《武宣县志》、民国(民国二十三年,1934年)《武宣县志》均设《艺文》收录碑记类,《古迹》亦无金石内容附入。民国《上思州志·艺文》分录碑记、诗歌等。民国《思恩县志》、民国《宜北县志》同此,实际仍然如旧志《艺文》,不过以民国时兴"文艺"词目代之。民国《来宾县志》石刻由《名胜古迹》收录,著录亦传统旧志模式。民国《陆川县志》、民国《钟山县志》、民国《同正县志》同此。

诚然,严格按石刻原文著录方式,不仅要求学术能力,以及采录条件是否可行,此外修志资费投入等,都是制约以金石学方法著录石刻的重要因素。故而即使进入科学昌明的时代,仍然有志书以传统《艺文志》方式著录石刻,此亦由各地文化风气使然。

广西古代石刻文献依存于方志著录,较之经济和文化兴盛的地区尤其明显。相当长的历史时期内石刻与方志相生相伴,是一种文化共生现象。宋代广西方志见于《永乐大典》辑本仅存残卷、散篇若干,宋代、元代、明初总志广西各府州条目涉及的方志(主要为宋代、明初志书),其中记录自隋唐历宋元至明初的大量石刻名目,仅有极少实存物见于石刻目录。总志宋代《舆地纪胜》编纂为时间断限,《碑记》著录的各地碑碣来自本书引据的各种府州志,且仅是志书原记录碑刻的一部分。其他《风俗形胜》《景物》《诗》等目亦记录碑刻名目或择录碑文,这些碑刻有与《碑记》互见,也有未见。自唐代以来,尤其宋代各州县官署、文庙、亭台楼阁以及寺院道观、祠堂等普遍刻立碑记,自不可能皆录文于志书，由此可见尚有相当碑碣失于记载。明代广西各府州县志大量毁佚，这一时期各地的石刻（主要为碑碣）一部分通过清代续修方志得以传录，同时相当一部分石刻已经佚失，品名有部分可以考知，亦多有缺失著录。例有乾隆《柳州府志·古迹·融县》"融民归附碑，在真仙岩内，明洪武四年勒石"，碑文未见《柳州府志》《融县志》。清代各地编纂的方志版本尚多存留，著录石刻（主要为碑记）反映出官方编纂志书对碑记内容的去取，未取用或未见，自必多有。

对于石刻文献，金石家、研究家各有界定。晚清金石学家缪荃孙编撰《江苏金石记》时确立体例，以实存碑碣拓本为限："金石以拓本为主。明知此碑尚在而未拓到，即编入'待访'，不列正编。如此碑已佚而拓本存者，亦据本收入。"学术大师陈垣编纂《道家金石略》则以碑刻为收录内容，除了大量拓片，还有从《道藏》、金石志、地方志、文集择选有关道教的碑文。因此，今日研究广西古代石刻，碑碣摩崖（拓本）、金石志之外，从石刻文献学角度，旧志《艺文卷》辑入的碑记列入收集研究范围之内，自属必要。

第五章　石刻文献价值叙论

古代石刻一直为传统学术研究注重利用，特别是对区域史地研究具有全方位的文献价值。内容涉及经济、政治、军事、文化、民族、民俗、宗教等各方面，记载官职、地名、兴建、游赏、风物、名胜、艺术等内容，学者各取所需，研究则各有所得。本章就石刻文献价值以择例方式考述，或有时贤未论及之处，则适以说明石刻于史地研究实在有极广阔的空间和诸多专题的择选。

第一节　石刻文献辑佚、校勘及考证价值

广西石刻自唐代起大量的诗文散章，有辑入作者别集，有辑入总集，或采录于《艺文志》《金石志》等，遗而未及特别的情况也多见。就文人别集而言，石刻诗文未入集，或集佚不传者，即可作补遗。叶昌炽提及《侍读直院易尚书真仙岩亭赋》，谓易被"无集行世，赋选亦不收，赖石刻以传耳"。幸《全宋诗》得以辑入。又宋代旧相王安中道经桂林，为永宁寺新殿落成作《桂州永宁寺释迦院新殿记》，寓居柳州，又为天宁寺撰有《新殿记》，是

岭南佛教的重要文献。此二文原收录于《初寮后集》，即庆元六年（1200年）二月周必大《初寮集序》"桂、柳佛寺诸记闳深辩丽，近坡暮年之作"。宋刻本《初寮集》四十卷、《初寮后集》十卷、《内外制》二十六卷久佚。清乾隆年间纂修《四库全书》时自《永乐大典》辑出《初寮集》八卷，岭南诗文未见于此集。2006年版《全宋文》得以辑入天宁寺《新殿记》。又虽见于文人集或旧志《艺文志》，不同文本的文字参差可作校勘。

　　石刻题名题记涉及大量职官名录。胡适当年考察广西古代石刻时曾指出"此类古代名人题记，往往可供历史考据，其手书石刻更可供考证字画题跋者的参考比较"（《胡适日记》），这正是石刻文献价值重要的一方面。石刻题名多为摩崖，起自隋唐，至宋大兴，延及元明清，从未消歇，数量占比极大。职官人物可补旧志缺遗，勘正旧记之误；往来流寓文人姓名亦可考一地文化风气之兴衰。游观题名占比数量极大，铭刻者多为任职之员，以及随行员僚，其用则如叶昌炽所言"题名皆在名山洞府"，"大都题名书法不一，或书名，或书字"，"姓名年月，皆考证之攸资，子弟宾僚，亦牵连而并录"（《语石》）。题名绝多出于游观而作，即时属工刻石。此类文辞短章，可补文集未录，以作者虽有文集，而题名多未收录。游观题名、碑文等人物职任、地点、时间题款，相当数量未见于通志及各府州县志记载。笔者仅从部分题名款识、碑记正文发现大量职官未见于迄今收录最全的嘉庆《广西通志·职官表》。以宋代为例，石刻题名就有至少8任柳州知州未见乾隆《柳州府志》记载。真仙岩石刻题款，发现未见著录的宋代融州知州李惟德等9任。略略阅查有关题刻，发现广南西路各级职官相当多未见《广西通志·职官表》记载。如能以广西古代石刻进行专题辑考，可补出志书史籍缺遗的大批职官。

石刻大多为初始文本，最可资用，或补史迹之遗，勘定史实，或提供互证。石刻文献对区域历史事实，不论是宏观或者是细节，都会有更多有价值的发现。

比较石刻原文，旧志等典籍辑入碑文时作者职衔、撰刻年代篇目取舍不一，这些是因求简略而删润。文字内容全残不同，辑采改易或辗转抄录造成缺遗误衍倒脱等情况亦多见。

柳州摩崖《仙弈山新开游山路记》题款"靖康改元三月望日福唐丘允记，天宁住持传法净悟大师觉昕立"，乾隆《柳州府志·艺文志》录文标题《修天宁寺路碑记》，题款未录，缺失作者籍贯、撰文时间以及立石者觉昕等重要内容。《粤西文载》、乾隆《柳州府志·艺文》辑入《三相亭碑记》，辗转抄录，与驾鹤山摩崖存相当异文。原刻无题，内容为诗，前有序文（今毁损大半）。《柳州府志》录文末句"自此公余暇日，时一至也"之后为"时嘉泰癸亥仲春日题"，文意看似完整无碍。原刻"时一至也"之后尚有："遂留五十六字以记复始之意。时嘉泰癸亥仲春日题。当日三贤暂驻车，曾于此地乐观书。因看诸洞真仙景，好似桃源驾鹤初。踪迹已陈留石刻，藤萝交结事丘墟。我来除蔓重加葺，恐有飞仙下太虚。"异同之处，如无原刻勘校，已不能发现。

现代出版的各种诗文集、方志，与石刻原文已或多或少出现文字之异，事例甚多。元丰六年（1083年）七月一日刘谊等人题《融州老君岩唱和诗》"巨石何年此结成"二首，乾隆《柳州府志·艺文志》记作者"钱师孟"，原刻（旧拓）为齐湛（提点广南西路常平秘书丞），钱师孟为刻石者。淳熙十六年（1189年）郭衡书陶弼《寄题融州真仙岩诗》七律（据跋语采自陶集宋刊本），《粤西诗载》题为"灵岩"，仅存一、二、七、八句，列为《七言绝句》，又辑入《全宋诗》（1998年出版），题为"融州仙岩"。《融水苗族自治县志》附录《古诗选载》收录全诗，与拓片勘校，也有文字异同。道光《融县志·艺文》录冯天骏《游老君洞》："函谷何年始避秦，青牛远远渡前津。眼中紫气依然在，石上丹书信有真。风雨几番尘世梦，乾坤千古洞门春。磨崖十丈题诗遍，谁解岩前更买邻。"旧拓本（摩崖已毁）诗末尚有题款"余□□而至融州，闻老君洞胜邑一方，因偕僚属游之，赋此。明嘉靖三年夏柳州府推官顺德冯天骏书"，据知题刻年代及作者任职，可订正乾隆《柳州府志·秩官》柳州府推官"冯天骏嘉靖五年任"系年之误。石刻题名可补、可订旧志及等载录不及之处极多见。

校勘典籍录文擅改、误改。《融州平瑶记》元泰定三年（1326）三月刻卢让撰，胡明允题额，山童等立石。嘉庆《广西通志·金石略》录文，清孙星衍《寰宇访碑录》："卢让撰，正书，泰定三年三月。"《中国西南地区历代石刻汇编》《柳州石刻集》著录。此碑辑入多种史籍，出现误讹、脱失、删略以及人为改动，文本间文字差异严重。一者文字之异，如"泰定乙丑秋，仆假守于融，苍（各本均作仓）皇下车"，"顾峭壁穹（各本均作穷）巢"。一者文字脱缺，如"兹为重地"之后，雍正《广西通志》卷一百五引文"顾"字后脱"峭壁穹巢，兹为重地，因"诸字。人名被《四库全书》编者擅改误改极多。如"特命资政大夫湖广等处行中书省左丞乞住"，《四库全书》本雍正《广西通志》"乞住"改为"奇珠"，《粤西文载》康熙梅雪堂本、《四库全书》本均二字误作一字"崔"。"公命元帅万奴正"，《四库全书》本《广西通志》作"万努正"，而四库全书本《粤西文载》则改为"鄂诺尔正"。"亲王斡儿朵罕"，《四库全书》本雍正《广西通志》改为"乌尔图罕"，《四库全书》本《粤西文载》改为"鄂尔多哈斯"。"中书舍人买驴"，《粤西文载》康熙梅雪堂本同，《四库全书》本《粤西文载》、《四库全书》本《广西通志》改为"玛噜"。"公则抗章赋归，欲共（各本均作供）子职"。此文典籍录文现存最早见于嘉靖《广西通志》卷五十四《外志》录文将"胡明允"误作撰文者，汪森《粤西文载》卷四十五亦误。原刻文后题款："泰定三年丙寅三月□日承事郎融州融水县尹兼劝农事胡明允题额。进义副尉融州判官马瑛。承务郎同知融州事张安摊不花。承德郎融州知州兼劝农事卢让撰。承事郎融州达鲁花赤兼劝农事山童等立石。"嘉庆《广西通志·金石略》据拓片录全文之外，其他旧籍录文均缺失。

用以补订旧志辑文缺脱讹误。融水真仙岩《玉融八景诗》拓本，明建文元年（1399年）广西都指挥金事镏暹撰，行草书。诗另见于乾隆《柳州府志·艺文》录诗五首，作者"失名"。拓本《香峰迭翠》"门迎屏翠号香山"，《府志》"翠屏一幅号香山"；《玉华仙洞》"白云深处访仙家"，《府志》"自从云际访仙家"；《西台夜月》"身在蓬莱第几层"，《府志》"身在蓬莱绝顶行"，均为辨识或传写之异。《融水苗族自治县志·古诗选载》亦有异文。如无拓本辨别，已无从得知原文究竟。

用以订正旧志记载之误。真仙岩会一阁修建者记载为僧人智性，旧志记载由来已久。嘉靖《广西通志·台榭》："融县会一阁城东五里真仙岩旁，宋僧智性建。宝庆三年融州参军唐麟记。"未记编纂通志之时存毁，实际明初时会一阁已毁，见于《寰宇通志·柳州府·楼阁》："会壹阁，在融县真仙岩，旁有御书阁。以上俱废。"道光《融县志·古迹》记载："会一阁在真仙岩侧。宋僧智性建。宝庆二年，参军唐麟有诗纪其事。久圮。"乾隆《柳州府志》记载相同。杜应然《碑图》："列三寺观学俱近，会一楼堂像阐洪。洞前有一寺、一观、一县学，三教俱全。绍定己丑杜应然创阁在岩内，名曰会一，上奉三教圣相，下为钟、吕二仙堂。刘判府书阁名，唐司理为之记。"杜应然于绍定二年（1229年）创建会一阁，其位置在御书阁旁。杜应然、智性为同时人，杜应然不可能将他人所建揽为己作。如无《碑图》的证明，会一阁创建者之误肯定无法澄清，将永远沉埋于历史风尘之中。一位人物、一处楼阁看似是细末之节，其实此为释、道之别，又涉及建筑位置各有所属。

碑碣久经风雨剥蚀文字残损，拓本有拓工技术高下之别。碑字书体有行有隶有篆，有异体、俗体字等。拓本传藏过程有残断，或误混，连缀比对，多有辨认困难。时有伤损虽仅一二字，却于具体事实影响判定。笔者早年研读《荔子碑》时对于此碑刻于嘉定十年（1217年）的旧说存疑。刻制者关庚跋语是考证碑刻年代唯一所据：

  宰相进退百官，贤之遇否系焉。柳侯名重一世，竟老遐陬，繄谁之责？嘉定丁丑春，庚赴柳幕，道长沙，谒帅相安公先生。临别授坡仙大书《韩昌黎享神诗》，俾刻之庙，伤其不遇也。庚甫到官，摄邑柳城，继易佥宾州。回白，郡太守桂公。慨然从庚。於戏！侯贤而文，诚获遇先生，必始终光显于朝，奚至一摈不复用？韩之文得苏而益妙，苏之书待先生而后传。邦人聚观，咸叹谓：若昔不遇，畴非遇于今耶？先生总百官之进退，有贤如柳，尚何憾？如韩、如苏，盖同一际遇云。□□[庚辰]重阳门生从政郎柳州军事权佥判天台关庚谨跋立石，朝奉郎权知柳州军州事借紫永兴桂如箎，命迪功郎柳州学教授豫章廖之正书丹。

  细验原碑，并清代旧拓，"重阳门生"之前二字残文□□，清代金石著作均如此缺文。《荔子碑》刻成置立于罗池庙确切时间，之前据关庚跋语"嘉定丁丑春"概定为嘉定十年（1217年）。细读关庚跋语，结合宋代州县佐官任职情况，可知嘉定十年之说存疑。"嘉定丁丑春，庚赴柳幕，道长沙"，"甫到官"先是"摄邑柳城"，即暂代柳城县令，接着"易佥宾州"，即权佥判宾州。南宋时期州县佐官任职时间通常最少一年。关庚两任事毕，得以"回白郡太守桂公"。跋语落款因残缺长期以来未能解释。《金石萃编》录文作"如韩、如苏，盖同一际遇大庆也重阳门生"，其中"大庆也"（刘祖曾重刻碑、嘉庆《广西通志》等释为"大

□□"），又"关庚"之"关"为缺文□，实为"关"，"庚"释为"良"，以拓本不清晰而误。上文"盖同一际遇"，下文释读为"大"字，则不可能属上。"大庆也"三字成句，且不知所云，"重阳门生"连读显然不知所以，王昶跋因此称"重阳门生，所未详也"。细查原碑，复验拓本。三字处的第一字实为古文句末常用虚词"云"字，即属上句为"盖同一际遇云"，顺畅无碍。第二字《金石萃编》释为"庆"，误，"重阳"之前两字残文显然是纪年干支或数字。原碑此字尚存"广"偏旁，而嘉定十年（1217年）之后为"庚辰"即嘉定十三年（1220年）。后一字大部残，前后互识，为"辰"字部首。因此可以肯定：关庚在历时三年调职两地之后，才得以将刻碑事付之实施。嘉定十三年（1220年）之后，不再有两字位置能表述其他纪年的可能性，"庚辰"是唯一答案。南宋嘉定十三年庚辰九月初九（1220年10月5日）重阳吉辰，《荔子碑》刻制完成，并置立于柳州罗池庙。

近日读李彦章《庆远府学新出张宣公宜州新学记断碑跋》，恰得相同的一例，附记于此。李任庆远府时修庙学，找寻宋人张栻修学碑记，于"东墙下掘地先得片石，读之即是碑"，跋记"原碑末题'淳□□□□月庚子承事郎充秘阁修撰权发遣江陵军府主管□□□□□司公事马步宫都总管张栻记'，凡四十四字，其中阙者十一字，荆字犹存上半可辨，淳字之下，月之上实空四格，当作淳熙五年□月以及主管荆湖北路安抚司公事等字可推而知也"。

古今典籍记载的史实，出于多种原因，或传闻之讹、抄传之误,彼此承袭,久已积非成是。石刻为原始文本,用以勘订记载之误。柳州治所迁移时间得以勘正,即是从碑刻一处记载得以发现问题所在。南宋咸淳元年(1265年)柳州治所从马平县迁至柳城县龙江(今南丹村),何时回迁马平县,自明初《寰宇通志》《大明一统志》,明清《广西通志》、乾隆《柳州府志》、民国《柳城县志》的相关《沿革》《城池》都记载为洪武元年(1368年),或洪武初,而清雍正《广西通志·古迹·柳城县》、乾隆《柳州府志·古迹·柳城县》、嘉庆《广西通志·胜迹略·柳城县》则有元至大年间回迁马平的记载,如雍正《广西通志》:"龙城故城在龙江南岸,梁置。宋咸淳元年移府城于龙江,因移县于江北。元至大间,仍各迁还,而江北之城废。明初又改龙江东岸,即今县治,而江南之城亦废。置南阳卫,寻废,设南荡堡,今土城尚存。"数百年以来,此问题旧志并无考证彼此是非,晚近数十年以来新志、文史研究也未涉及。柳城县学教谕严叔载撰《柳城县儒学碑阴记》云:"至宋景定柳州治移于龙江,而于江北置柳城县。元至大间,州复旧治,以柳城迁龙江,而江北之城始废。"此文撰于洪武十八年(1385年)三月,作者亲任其地,考察有据,为元至大年间柳州已回迁马平最重要证据。之后,又自《永乐大典·仓廪》得出重要印证:"柳江志。故仓有四都仓,在州治内东隅。常平仓在都仓之西,盐仓在都仓之南,赡学仓在都仓之西。已上仓敖废为瓦砾。至大戊申岁,以路治复徙马平故郡。置大军仓,在城内西隅。洪武七年就旧基建仓敖三十四间,洪武八年就公廨前西傍又建敖二十间,以收军储。"洪武《大明清类天文分野之书·柳州府·柳城县》记载:"(宋)咸淳元年迁柳州治于龙江,是为倚郭。元迁柳州路治马平县。"《马平县》:"(宋)咸淳元年迁州治于龙江,此为属邑。元本路治此。本朝仍其旧。"复得此证,可纠明、清《广西通志》,乾隆《柳州府志》《马平县志》,民国《柳城县志》,以及新修有关志书等沿袭记载明洪武元年(1368年)柳州府治迁治马平县之误,柳州迁治回马平县确定为至大戊申,即至大元年(1308年)。

石刻自然风雨剥蚀,或人为剜划形成的内容缺失,参考相关史典记载,亦得以释读出重大史实或重要人物行迹。今举宋人程节《重游真仙岩诗并序》一例。摩崖存今融水苗族自治县真仙岩南壁(嘉庆《广西通志·金石略》未著录),空格是经考证补出的原文形态:

□□□□□□□□洞路北彻□□□□□□□□□堡寨邮亭,□□□□□□□而废弃于元祐之戊辰。崇宁癸未□□□□□□追述□□□□□□□□□□

□□□□□□□□□来按边十□□□□□□□□融州之真仙岩。宝文阁待制、充广南西路经略安抚使鄱阳程节。

元天□□□□□,□□□来二十年。岩下□□□□□,□□绿鬓已苍然。

是日,通判军州事曹□□、融水县令朱振同行。

表侄□□郎□□充融州兵马都监、□□城巡检□□□□周志甫命工重刊修,宣和四年岁次壬寅孟冬一日□题记。

●（宋）程节真仙岩题记

摩崖序现存十行，行十二字。诗两行，诗后题识三行。北宋宣和四年（1122年）重刻。大部分文字被南宋绍兴十九年（1149年）"公生明、思无邪"、乾道四年（1168年）曾仪题记覆刻。

所涉人物程节《宋史》无传，事迹散存旧籍。程节《墓志铭》（《宋中大夫宝文阁待制知桂州广南西路经略安抚使兼本路兵马都钤辖柱国赐紫金鱼袋程公墓志铭》）记广西行迹稍详，参照程节桂林多件石刻及相关典籍文献互为参证，可复原题记内容概要。

程节（1033~1104年）字信叔，江西鄱阳人，嘉祐八年（1063年）进士，三度任职于广西。第一次在北宋熙宁五年（1072年），《墓志铭》记载："熙宁初，荆广察访使器其才，檄公度岭。"据《续资治通鉴长编》："熙宁五年：闰七月庚戌，遣秘书丞、集贤校理、检正中书户房公事章惇察访荆湖北路农田、水利、常平等事。始议经制南、北江，故徙凤及构，又使惇往密图之。"题记被覆盖文字为程节首次任职广西，"招谕桂州诸蛮，就义宁县置桑江寨"诸事。之后，程节"改著作郎，同知邵州武冈县"，离开广西。

第二次为北宋元丰五年（1082年），题记"（残）洞路北彻，（残）堡寨邮亭"，所涉事见于《墓志铭》："既至，事平。有旨措置融州、两江通接湖南北飞山十州道路，公请以轻骑至境上，开谕朝廷柔远之意。诸酋首旧服公名，皆顿首纳款、籍土地户口，自桂融道徼数百里，墟墅相望。朝廷遣都司孙监览按视。擢朝散郎、本路转运判官。再被旨进筑四堡寨，置佛寺，设学校，使磨诱新民，子弟迁善，知礼法，解辫，袭冠带，鼓舞用夏之风焉。"（"事平"指"安化叛"事件）其事详见《宋会要辑稿·方域》十九《置寨防守》："元丰七年八月一日，荆湖路相度公事所言：'王江一带自大溠口以上接连檀溪诸蛮，与今道路相接，朝旨专委主管广西经略司机宜文字程节招纳措置。本处地里阔远，蛮已归附，须筑一堡寨以为守备。'诏节相度。节言：'王江上流地名安口，控扼诸峒，其地宽平，可建城寨。然由王口而上，经大溠口、老江口皆生蛮瑶团族，唯以略峒民板木为生。今虽效顺，各有俸给，若建城寨，亦须兵威弹压。今欲沿江及中心岭各治道路渐进，先置堡铺于吉老江，量留兵丁以防钞截粮道，然后安口可以积功。'又言：'王江一带团峒，东由王口、三甲，西连三都、乐土，南接宜州安化，北与诚州新招檀溪地密相邻比。熙宁中，尝遣承制刘初领兵丁置寨于安口，诸蛮并力杀伤官军，自此蛮情愈更生梗。今遍招纳，例皆效顺，即当开道路，置堡寨驿铺，分兵丁防守，乃为久安之计。又缘事干两路，与诚州同时措置，庶使诸蛮力有所分，易为办集。'从之。"之后，程节以母丧"乃分屯军马，解官持服"。

程节第三次到广西，为北宋绍圣元年（1094年）任广南西路计度转运副使，至崇宁三年（1104年）七月病逝于桂州。此期间程节在桂林有题刻多件：绍圣二年（1095年）九月程节等五人龙隐洞冷水岩游观题名，绍圣三年（1096年）十月程节等人还珠洞题记，又北宋元符三年（1100年）题刻，北宋建中靖国元年（1101年）题刻，北宋崇宁元年（1102年）三月和米芾诗刻。

题刻"崇宁癸未（残）"以下，述"安化蛮入寇"事。《宋史》记载"崇宁二年二月辛亥，安化蛮入寇，广西经略使程节败之"，"其酋蒙光有者复啸聚为寇，经略司遣将官黄忱等击却之"。《墓志铭》记事起于上年秋："崇宁元年秋，安化蜂聚城下，肆剽掠，公发兵击走之。公曰'今虽挫，必再出。'阴遣四方馆使康州防御使黄忱备。融州诸蛮果出乐善，逆战大破之。诏加公宝文阁待制，赐金紫。仍益屯柳城，尚入寇不已。公使阵于卸甲岭，复逆战，获酋首蒙光有等，并贼六百余级，牛羊器械三万。"墓志按时序记述，"诏加公宝文阁待制，赐金紫"在平"安化蛮入寇"事件之时。证以桂林崇宁元年（1102年）四月辛丑李彦弼撰《湘南楼记》，题款尚用"朝议大夫直龙图阁"，十月二十七日摹勒钟传书"桂州静江军"款题为"宝文阁待制"，知程节"诏加公宝文阁待制，赐金紫"是年秋冬之间。《墓志铭》又记载："上降诏奖谕。于是遣属官即军前招抚，而三万余人皆乞降，得旨复四堡寨旧境。乃亲领将士次古融，夷人老幼皆知公，望之涕泣，拜手加额曰：'今再见父母，愿出赋租材用为王民。'兵不血刃，役未逾月，驿铺道无不治，虽三路进筑，而用度才十之一。诏复加中大夫。""上降诏奖谕"即《崇宁癸未奖谕敕书碑》（碑已毁，拓片存）。谕用"春暄"，则二十五日当属之崇宁二年（1103年）三月：

敕程节省：广西经略司奏：安化三州一镇蛮贼纠集八千余人，于地名卸甲岭吴村、蒙家寨等处作过。黄忱等部领兵丁等二千九百九十余人与贼斗敌，斫到五百四十八级，阵亡一十八人。贼兵大败。夺到孳畜器械三万余数。得功人乞推恩候。敕旨：事具悉。蛮蜓跳梁，为郡邑害。维予信臣克奋威略，选用材武，提兵格斗，斩首捕虏，厥功著焉。除恶靖民，嘉乃之举，故兹奖谕，想宜知悉。春暄，卿比平安好，遣书指不多及。二十五日。

崇宁二年五月二十七日桂州龙隐岩释迦禅寺主持传法沙门赐紫仲堪上石。

题刻"来按边十"之后当为"载"字，至崇宁二年（1103年）

程节在广西已十年,与《墓志铭》"公在岭路十一年"吻合。此时程节"乃亲领将士次古融",即崇宁二年(1103年)春间(三月)程节重游真仙岩,并留题。诗句"二十年"指程节元丰七年(1084年)至崇宁二年(1103年)两度到融州相隔时间。

第二节 石刻文献的社会印迹

唐宋时期,朝廷留心经营岭南,其经济、文化等方面发展迅速。南北宋之交大迁徙浪潮,广西成为文人官宦寓居之地。文化风气兴盛,从摩崖碑刻大量出现得到印证。就石刻分布而言,作为地方文化的时代标记,出现地点以及转移,莫不涉及风物景观兴衰,这是颇有意趣的研究课题。

石刻可见风景胜地开发情景。桂林为广南西路治所地,山温水软之地,宋代时有大量景观建筑兴修,不数十年,或毁弃,或重构,见于临桂县令唐铎题记"桂林多胜致,而往往废于榛棘者十八九"。张鸣凤《桂胜》对桂林景观有详实述记。柳州、融州、梧州等城市亦莫不如此。景观尤为兴盛之地有融州治所(今融水苗族自治县)真仙岩,自古摩崖遍壁,碑碣林立景观建筑达于极盛。宋太宗的"西江""颐堂""瑞云""精忠"等"御书之宝"刻于岩中,边僻之地"且邀宸赏"。观游之风极盛,景观建筑彼此兴构,《新修五百罗汉佛相记》称真仙岩为"一郡之胜概,甲于广西,岁有令节,倾城聚赏"。《孔子像并赞跋》《元皇大帝像并记》《老子像并赞跋》《北斗七元星像》,这些佛、道、儒以及民间俗神崇拜，精美绝伦的艺术妙品相继雕镌于洞天府内，景观文化内涵如此丰富，无怪乎张孝祥赞以"天下第一真仙之岩"称之。各地景观建设中住岩僧释、道士贡献最大，官员、地方乡贤民众热心助力，亦成善缘。修建维护既有赖于社会环境安定，亦在于人为努力。

赐御书于广西之实证。宋代赐御书以真宗朝最常见，所赐多为太宗御书。广西多地有宋太宗赐御书并奉藏记载：一、《舆地纪胜·贵州·景物下·景祐寺》："咸平元年赐太宗御书二百二十轴藏于山，有御书阁以奉安所赐御书。"（"二百"疑为"一百"之误，因所赐通例为一百二十轴）二、《容州·景物下·栖真观》："咸平元年降到太宗皇帝御书一函，大中祥符三年宣赐泰山芝草二匣并于观中奉安。"三、《浔州·景物·清真观》："一名阳明观，在州南七十里白石洞天，有太宗皇帝御书。"又明景泰《寰宇通志·浔州府·寺观》："玄妙观，一在贵县西，道会司在焉。有宣和御笔手诏刻石见存。"嘉靖《广西通志·山川二·庆远》庆远南山龙隐洞："洞前有广化寺龙隐祠，又有御书阁，贮宋真宗御书六十轴。"史籍所记，可知当时广西得赐御书，是普遍及于经制州。当时存证见于融水真仙岩石刻。真宗咸平年间敕改老君洞为"真仙岩"，并颁降宋太宗御书一百二十轴刻石印本藏于岩内。《舆地纪胜·融州·真仙岩》："咸平中敕改为真仙岩，颁降太宗御书一百二十轴藏岩内。"道光《融县志·古迹》记《灵岩》"宋太宗赐额曰'真仙岩'"，误。真仙岩题刻有元丰六年（1083年）刘谊《留题融州老君岩》诗，"岩前瑞气归宸翰，佛子年年谢国恩"注"中有太宗御

● 杜应然《碑图》（局部）　　　● 御书阁

书"。杜应然《融州老君洞敕赐真仙岩之图》(下简称《杜碑图》)"帝赐御书藏宝阁，天生石像老仙翁"有注"本朝赐到御书百余轴，并赐岩名"。旧拓本存御书四碑"西江""颐堂""瑞云""精忠"，高190厘米，宽95厘米，楷书，刻有"御书之宝""己亥"二印，即据御书刻碑。另有宋代题刻"今上皇帝凤翰"六字，今存拓片。按：《广西通志·宗教志》记宋代合浦县开元宫收藏有太宗御书，贵县玄妙观有宣和手诏刻石，未及融州真仙岩赐太宗御书。又按：赐宋太宗御书多为书法刻石拓本，并非墨迹原件，后代记载往往误为墨迹原件。

教场为检阅军队操练兵勇之处，见于《宋史·高宗本纪》绍兴五年（1135年）"置诸州军教场，选兵专习弓弩，立格按试"记载。广西执行情况，有嘉庆《广西通志·经政略·兵制》："（绍

● （宋）宋太宗御书"颐堂"

兴）八年，广西经略胡舜陟言：……已得朝旨，于诸县前遂乡置教场，自十一月起教，至次年正月罢教，轮差县官检点。"据此，不仅广西诸州设演兵教场，县乡亦有相应设置。此重要史事，今于《杜图碑》真仙岩外右侧题刻"十万教场"可见。教场具体布局，从报恩观的"观道院"之右，越"南台桥"，横过"宜州路"，即至"十万教场"前。牌楼门额题"十万教场"，场内左有廊屋，中为坛。形制符合宋代演兵教场特点，场中之"坛"为点将坛。至于"十万"，则谓其兵数之多。《甘图碑》刻绘略同。宋代融州为军镇要地，崇宁初年升为军州，又置清远军节度。大观元年（1107年）曾以"融、柳、宜及平、允、从、廷、孚、观九州为黔南路"，融州为帅府。此图示并题注是广西古代演兵场最为清晰的文献标记，可惜即使是晚近编纂的有关军事志里，未能引用。

石刻内容沉藏重要的历史事实，或攸关名人事迹。张孝祥（1132~1169年），字安国，号于湖居士，宋代名臣，书法名家。乾道元年（1165年）为静江知府，兼广南西路经略安抚使。任期内在桂林有《朝阳亭记》等题记，融州真仙岩大书题刻"天下第一真仙之岩"久为人所乐道，而所书《金刚经》刻于真仙岩之史实，则沉埋至今八百余载。此见于《杜图碑》有报恩寺经幢一处，《金刚经》置于碑亭中。附诗并注云："一石镌经显居士，万碑题咏称名公。于湖居士书《金刚经》（缺9字）石以亭盖□□□石乳（缺8字）三次修换，显其张公墨迹。岩中奇特，足称士夫题咏，碑刻甚多。"残文不碍理解大意，指张孝祥书《金刚经》刻碑，其间经三次修换（？）方得完善（《甘图碑》亦标有《金刚经》置于碑亭）。今据《图碑》得以揭示张孝祥书刻《金刚经》，为宋代书法史、佛典传刻史增一重要内容。

广西诸州五百罗汉堂修建之证。唐代开始，一些大型寺院开始修建五百罗汉堂，广西至迟出现在南汉时期。容州（今容县）陈亿《五百阿罗汉记碑》（已佚），南汉乾和四年（946年）刻，宜州会仙山保民寺罗汉峒有《新建五百大阿罗汉碑》摩崖，北宋元符元年（1098年）刻（正中刻佛教故事图一幅，正文记罗汉名号共518位）。嘉祐五年（1060年）融州真仙岩五百罗汉佛像堂，形制为"倚岩构堂"，"创五百罗汉及佛相"。《杜碑图》标刻"罗汉阁"，《甘图》所谓"五百罗汉"即五百罗汉造像。详见于《融州真仙岩新修五百罗汉佛相记》（嘉祐五年三月三日刻，谭允撰文）："融郡之南，不远五里，有岩曰真仙：以石肖老聃，国赐此名，一郡之胜概甲于广西。岁有令节，倾城聚赏，故僧□欲来赏者有所瞻仰，以发善心。睹物兴思，人之常情也。所以募众僦工，创五百罗汉及佛相。非它也，使见相生善矣。"《广西通志·宗教志》记载"广西原塑的五百罗汉像，包括博白宴石寺铁铸的、容县灵景寺泥塑的、全州湘山寺石雕的"，未及融州五百罗汉堂。

石刻毁损有出于人为，有出于社会时势重要异变。明代建文朝"靖难之役"过程及结局之惨酷，史有明论，不详引。成祖登基颁布有关诏令，尽数剟除建文年号及内容。文献之灾如沈德符《万历野获编》所述："本朝无国史，以列帝实录为史，已属纰漏，乃太祖录凡三修，当时开国功臣壮猷伟略，稍不为靖难归伏诸公所喜者，俱被划削。建文帝一朝四年，荡灭无遗，后人搜括捃拾，

（宋）融州真仙岩谭允《新修五百罗汉佛相记》

● （明）建文元年（1399年）《玉融八景诗并序》

百千之一二耳。"当时影响及边隅之地，由建文年间刻石年号被凿损得以印证。融水真仙岩镏暹（昭勇将军、广西都指挥佥事，嘉庆《广西通志·职官表》绝多未记建文朝职官，是因那一时期文献毁失所致）《玉融八景诗并序》刻于建文元年（1399年）七月望日。石刻文字保存较好，唯有年款两处残缺，笔者细阅是出于人为凿损。正文年款第二字"文"、落款第一字"建"残痕仍存，因知为年号"建文"二字。题刻"建文"年号以时忌被毁损，镏暹职任因此未见志书记载。

《桂林石刻》（中册）《王渥、陈祚等八人还珠洞题名》人名凿毁原因如同上例："巡按广西道监察御史□原王渥子中承宣布政使司右参政三山陈祚□中左参政□□右（石）温韬玉、都指挥使司佥事六安□□□良府□按察使司事江□□□复从善□□□吏□□□□时钱天使骁骑卫指挥使凤阳宋荣若海于兹时建文三年辛巳七月十日桂林府儒学教授羊城□□廷器志。"下有辑录者题识："右摩崖在伏波山还珠洞。高一尺四寸，宽三尺六寸。真书，径一寸五分。人名多被凿毁。建文三年辛巳，1401年。"人名凿毁实亦回避之意。其中题名得者，见于嘉靖《广西通志·职官·巡按监察御史》"王渥"，未记任年，顺次在洪武、永乐之间。万历《广西通志》列"严震直"之后、"魏清"之前，均未标注任年。右参政三山陈祚，万历《广西通志》"闽县人，永乐元年任"（"三山"为福州雅称），嘉靖《广西通志》记为"陈楷"。左参政"右温"，应作"石温"，见于万历《广西通志·左参议》："石温，江津人，永乐元年任。""都指挥使司佥事六安□□□"，万历《广西通志·都指挥佥事》有"葛森，永乐元年任"任年相近，未能确定。"□按察使司事江□□□复从善"之"□复"为"薛复"，万历《广西通志·按察司佥事》"薛复，山阴人，洪武三十四年任"（即建文三年，1401年）。此题刻人名有意凿毁事亦发生于成祖当政之初，与真仙岩"建文"年号毁损实出同一情势。由此可知，石刻的传承过程除了自然因素，还有社会因素导致的变化，而这些变异正是观察社会的重要资证，石刻之用可谓大矣。

  石刻文献中有颇多典籍缺失记载或忽略的重要史实，至今仍未能利用。叶昌炽《语石》曾经指出"范文穆《鹿鸣燕诗》（在桂林）、融县之《贡士库记》，亦皆考科名掌故者宜知也"。宋代贡士库创设是为寒门子弟参加科举提供资助的重要举措。开宝二年（969年）十月宋太祖下诏："国家岁开贡部，敷求俊乂，四方之士，无远弗届，而经途遐阻，资用或阙，朕甚愍焉。自今西川、山南、荆湖等道举人，往来给券。"自此之后，地方政府相继设立"贡士庄""贡士库"，由地方政府拨出若干公款，成立基金，资助参加科考士子。广西当时各经制州均应有所设置，笔者所见有《融州新创贡士库记》则有具体办理的记载。石刻在融州真仙岩，已毁，绍定元年（1228年）一月刻立。其中提及贡士库经费筹措，"郡计之出入，仅足供军团而无余"，因此"省吾迎送之费可得五十万金"，即将公使库款用于招待往来宴饮等费用，"以缗钱为贡士库，使钱物相权，以取赢"，"置板库，设密藏，募市民之能经干者主之，月收其息而积之，岁终则会而稽之"。融州贡士库设立后，遇科考之年以"三岁所入之息"，核查士子贫困情形，分别

"差等而给之"。今日欲研究广西古代教育制度，此为重要之例。

中国古代文化重要现象的儒、释、道"三教合一"，在宋代士大夫阶层已经成为共识。这种现象在广西的具体状况，石刻有具体记载。真仙岩题刻诗文涉及佛事者有：熙宁六年（1073年）四月六日广西提点刑狱李宗仪、供备库副使孙怀用、供奉官汪起、校书郎何岌同游真仙岩，题诗有"羡他奇特属岩僧"句。元祐七年（1092年）十月巡检使朱衍题诗（融州通判萧景修立石，推官冯大器书丹）残存"禅关"一词。涉及道教内容有：元丰六年（1083年）七月（知州钱师孟立石）刘谊、曾布、陈倩、彭次云、齐湛《留题融州老君岩》，刘谊诗有"漫说人间假像真，老君形象亦虚言。岩前瑞气归宸翰，佛子年年谢国恩"，陈倩诗："白石天然肖老君，泉声如诵五千言。虚无妙道无人继，却使浮屠冒宠恩。"这些都是士大夫极为热衷佛道，不近于道，则邻于佛的情形。宋徽宗排佛崇道，以泯灭佛道之别。这一政策虽然施行时间不长，却对佛教发展产生相当深远影响，促使一些禅师引道家思想和道教观念融入禅宗。融州虽处于西南僻远之区，而佛道互为影响、彼此消长的情形亦有具体表现。《杜图碑》记佛教报恩寺大殿为"金仙殿"，而《甘图碑》则为"大佛殿"即显例。《刘公岩诗》"性公元是名佛流，为佛出力旁搜求，果然幻出神仙府，古佛老仙成同游"，具体修持方法相互借重，在真仙岩密迩相邻之地，相互感染更是明显，元丰六年（1083年）钱师孟《德岩记》"若真仙者，有僧居，近丹术，故得闻名于世"，即为佳例。真仙岩景观建筑多与"三教合一"意蕴有关，典型例证有"三教

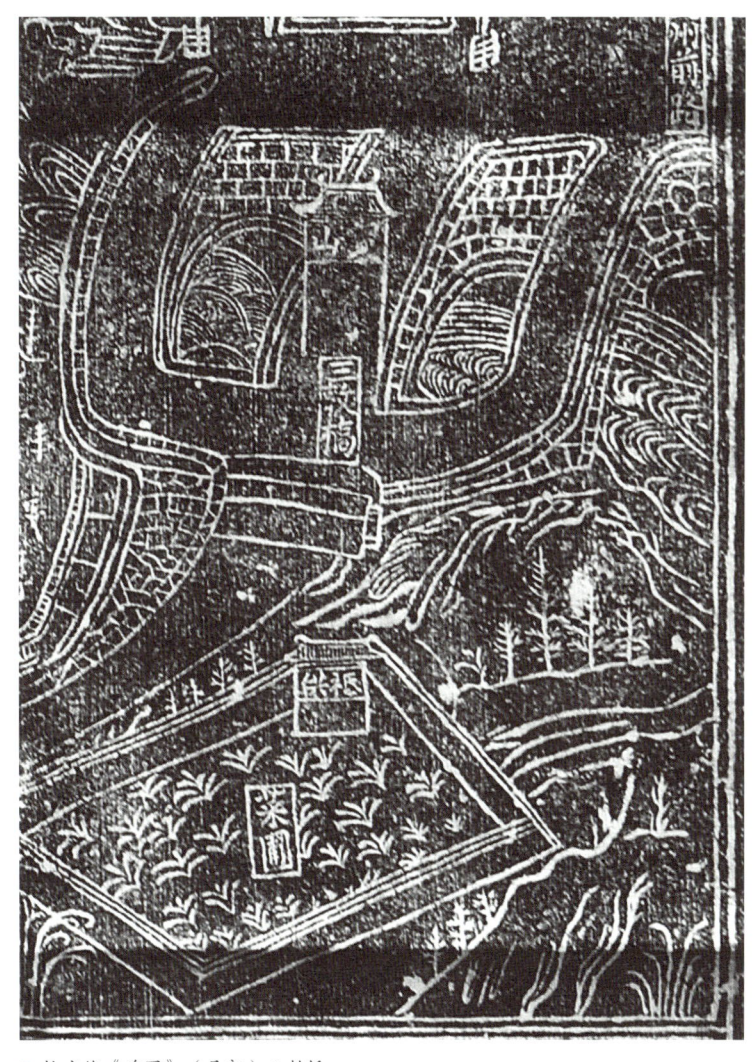

● 杜应然《碑图》（局部）三教桥

桥",见于《杜图碑》。此桥形象真切,以三石并立,迎面立有牌坊,上题"宝山"二字。《甘图碑》未标桥名,刻绘三石间隔并立,且分为三条步道入桥。"三教桥"位于报恩观旁,报恩寺、县学之前,越梁即入儒释道三教之地。此桥以三石并立,以合三教之数,为"三教桥"命意所在。真仙岩由自然崇拜时期乞求神灵之称为"灵岩",道教文化进入岭南之后,以其酷肖老君天然石像得名"老君洞",以至为帝君敕赐"真仙岩"。道、释、儒三教因地之利,相继建设道观、佛寺、儒学,自然景观各以肖形寓意,人文建筑兴建莫不与儒、释、道以及民间神祀相关。"三教"形、意合一于真仙岩,在宋代时期文化影响达于极盛,是岭南地区最为典型的事例。

第三节　石刻文献的宗教研究价值

中国古代相当时期内,出于对宗教排斥的态度,民间有极大影响的佛教边缘化,史地典籍于寺庙兴革、僧释人物行迹等多有缺失或简略。作为文化史研究专题之一,石刻文献尤可利用。石刻有关宗教的内容丰富,不论城市内外,即使僻远之区,多有佛教"开山""开岩"之类题刻,有关佛寺兴修、重构之类的碑记,内容涉及传法、宗系等诸多事实。

铭文佐证佛教传入时间及路径。刻石有买地券一类,广西年代最早为南朝宋泰始六年(470年)桂林观音阁出土的欧阳景熙买地券。1980年,融安安宁南朝墓出土梁武帝天监十八年(519年)

● （东晋）义熙十年（414年）墓砖铭拓本

覃华滑石买地券，1981年鹿寨县江口乡大村六岭坡南朝墓清理出土中大通五年（533年）周当易滑石买地券。买地券出现的年代大体同一时代，可见风习传入之后，迅速为广西多地普遍接受。又有出土铭文砖的年代桂中地区较桂北、桂东稍晚，与其传入途径路线相符。砖文虽寥寥之语，而蕴含有重要的史迹佐证。佛教传入柳州区域，典籍文献记载大体能确定在唐代。多年前笔者偶见墓砖铭文"义熙十年石伯生造""义熙十年石僧盛造"，为东晋安帝义熙十年（414年）制。"石伯生""石僧盛"是两位工匠制作。"石"为其姓，或指职业。墓砖出土地为象州县运江镇马兰垌村，墓地近距柳江，符合汉文化风习渐进且多沿水路传入的特点。"石僧盛"对于佛教何时传入柳州区域提供重要佐证。魏晋南北朝时期佛教兴盛，东晋皇帝、皇后信佛者甚至多，南朝上层亦多信佛。取佛僧名成为时髦，僧佑、僧护、僧智、梵童、摩诃之名比比皆是。广西以"僧"为名之习尚，其例见于桂林出土南朝齐永明五年（487年）《秦僧猛买地券》。取名"僧"虽不一定为出家僧人，而体现信众习从佛教则无疑。据此可知至迟东晋时期佛教已传入柳州区域，与广西桂林、梧州等地有关记载相互印证。

广西经制州僧官机构即僧正司，通常设于官额报恩寺，成为定制。北宋时期，广西禅寺多奉南禅临济宗，僧释人物众多，寺院兴盛。融州僧官正自北宋起设置在真仙岩报恩寺，僧职、僧官设置见于《融州真仙岩新修五百罗汉佛相记》，谭允撰文，廖成书，黄顷篆额，嘉祐五年庚子（1060年）三月三日刻立（嘉庆《广西通志·金石略》未著录），长期以来未能引起学界注意。碑末题名："岩主僧德诚　管内僧判得文　管内僧监德瑛　赐紫僧如白　前主首僧如观　如愿。"按：宋代于经制州设有"僧正司"，置"僧正""副僧正""僧判"。题款反映宋代报恩寺僧职（寺院主首等）、僧官（僧、道官历来有广、狭二义，广义为僧人、道士担任僧、道管理事务，即僧官）并列平行。"岩主僧德诚"即寺主（主首），亦即"住持"（建炎年间起主首通称"住持"）。僧判、僧监为执事僧。"管内僧监德瑛"于熙宁八年（1075年）八月一日刻题咏真仙岩诗于岩内，题款为"都僧正释德瑛"。"管内僧判"之"管内"为融州管内。"管内僧判""管内僧监"即僧官，且由僧人担任（此

● （宋）王安中《天宁寺新殿记》

与明清不同)。赐紫僧如白即得朝赐紫衣高僧。赐紫衣有多种情形：一是定额颁给，全国崇宁禅院、天庆观每年均赐紫衣一人。又每遇天宁节"节镇州与紫衣、度牒各一道"。宋真宗天禧二年（1018年）正月下诏，僧道正任满七年可得赐紫衣、加师号，而之前是五年为期（见《宋会要辑稿》）。融州报恩寺符合条件，僧如白得赐紫很可能之前担任过融州僧道正。"前主首僧如观、如愿"则为前任主首。宋代经制州僧官设置在广西而言具有同一性，由融州可以推知僧官制度其他州莫不如此。

石刻一语之内蕴含重要的史实，舍此则全然无可考。柳州天宁寺（灵泉寺）有关住持制度最关键一语见于宋代王安中《新殿记》云"元祐三年，始以柳州灵泉寺为十方"。自宋初起禅寺不断分化，形成各种不同类型。最初有甲乙徒弟院、十方住持院和敕差住持院三种。十方住持院是由官吏监督选举，称十方丛林，分两种：一种是依法系相传，称为传法丛林；一种是实行选贤制度的，称选贤丛林。元祐三年（1088年）之前灵泉寺实行甲乙住持制度。改为十方住持院后，天宁寺主首由官方监督选举产生，则寺院佛事活动等较多有官方介入。绍兴七年（1137年）天宁寺开堂记事题刻，知州文安礼参加并撰文记述，嘉定七年（1214年）《报恩光孝禅寺开堂疏请》，题名者有知州赵氏及司户参军、推官、判官等一批官员，与寺院社会地位显要、实行十方住持制有重要关系。寺院"昔盖陋甚"，而在"变律为禅"之后，"大作门堂楼殿"，特别是觉昕主持寺院事务时处于"岭南禅者益少，塔庙荒芜"背景下，在距京师六千里的空山野水之间，却能"兴此伟杰胜丽之观",可接待"指以千计"的来栖之士。"始以柳州灵泉寺为十方"是一重要标志,不仅有改奉十方寺院的具体时间,还佐证了制度改革是寺院得以兴盛发展的根本原因。

宗门法系是寺院立身所在,《新殿记》"昕尝从真如慕喆游京师",由觉昕师从慕喆得知宗门法系所承。天宁寺住持觉昕早年入师从的慕喆是中国佛教禅宗大师。《禅林僧宝传》记载慕喆为临川闻氏之子,祝发于南丰永安,之后谒见翠岩可真,"言下大悟,依住二十年"。可真圆寂之后,慕喆往住沩山,称"潭州大沩真如慕喆禅师"。绍圣初年,住持于智海院,宋哲宗曾召见于延和殿。绍圣二年(1095年)十月初八日,法师说偈示寂。弟子觉昕久侍师尊,侍从游学于京师,在法云、慰林、智海等大禅寺修行习法,是慕喆衣钵传人、法系嗣子无疑。师尊圆寂,觉昕另行求法问证。辗转跋涉之后,选胜地柳州,驻锡天宁寺,并很快以佛学精深而被推举为寺院住持。慕喆法师的传法世系可考,则觉昕可知。《宗教律诸家演派》有"临济源流诀",可以梳理出世系:禅宗六祖大师慧能(南宗创立者)传怀让、传道一、传怀海、传希运、传义玄(开一大宗派,称"临济宗")、传存奖、传延沼、传省念、传善昭、传楚圆、传可真、传慕喆、传觉昕。觉昕住持天宁寺的法系因此可确定为临济宗九世、南岳十三代。又柳州陆道岩"判府大将军王公诗翰"下有题款"时景定辛酉季春望日门下前报恩光孝禅寺住持僧飞兴上石",至此自觉昕(1132年前后)—玮公(1136年前后)—海庵道敷(1214年前后)—飞兴(1261年之前),可考宋代报恩光孝禅寺住持四代。另见清康熙年间融县真仙岩住岩（住持）僧人《水月和尚舍利塔》铭文"传临济正宗第三十六代水月和尚舍利宝塔""康熙二十五年菊月望日，孝徒寂乾、寂融、寂超、寂纯仝立"，可考真仙岩寺僧南禅世系为临济正宗第三十六代。

广西宋代佛教碑刻反映佛寺开堂仪式普遍举行。延请住持开堂演法仪式自唐末五代已经出现，宋代以降相沿不替。开堂仪式程序主要包括住持接疏、拈疏，由维那宣疏，住持升座后拈香就座，并说开堂功德等内容，然后下座送官员等。宋代洛容县高岩禅寺开堂演法之举，见于淳熙四年（1177年）"开堂疏请"摩崖。文题大字"昭州"二字转行小字"新住持西山福圣禅寺祐公长老为国开堂演法祝延圣寿者"，后为大字疏文云：

古伏以直风久寂，邪解竞驰，祖令高提，当仁不让，便好逢场作戏，不须韫宝深藏。伏惟 祐公长老具眼禅宗，间生法器，手中杀活，得古人陷虎之机，舌底纵横，有丈夫冲天之气。杖锡鼎至，钟鼓更新。愿开不二门，举似第一义，请升猊座，大振潮音，先炷金炉一瓣香，仰祝枫宸万年寿。谨疏。
淳熙四年十二月
迪功郎权昭州军事推官林亦卿押
迪功郎权签书昭州军事判官厅公事刘瑞押
通直郎权签遣昭州事王光祖押
高岩祐公　小师　道宝上石

宋代柳州《报恩光孝禅寺开堂疏》（柳州知州文安礼撰）："以纪法事界昌□□□□□不可□□□□□歌咏帝力之无穷，□山□□欲字民长州土得□□□游□□秋丰登，粒米狼戾，□熙□□几五百众。是岁赐开□乐为集于道场第一义行□为知□穷经从衣冠城郭远近节日开堂演法。□□□□□文安礼。"摩崖在柳州马鞍山西侧枝峰宋代天宁寺（后名报恩寺）附近。1992年4月因工程开发被毁，4月24日笔者至被毁处抄录。文安礼出任知州为绍兴五年（1135年）。文存"开堂""演法"，内容为开堂演法佛事，与绍兴七年（1137年）南宋各州郡天宁寺奉朝旨改名"报恩光孝禅寺"有关。《舆地纪胜·柳州·景物》："灵泉寺，在州南岸三里仙奕山、立鱼山之中，绍兴丁巳改为'报恩'。"山崖石壁镌刻铭功、纪事文字，至宋最为盛行。天宁之改称报恩寺，可谓佛门大事，当有刻石以纪之。此前天宁寺新殿落成有王安中之《新殿记》，后此报恩寺演法有《开堂疏请》。文安礼所记"开堂""演法"活动，与天宁寺改名报恩光孝禅寺有重要关系。柳州知州赵某等撰《柳州开堂疏请》："柳州开堂疏请敷公长老禅师住持报恩光孝禅寺，为国焚修，举扬宗旨，祝延圣寿无疆者。伏以飞锡西来，不是南无僧，南无法。鉏斧住处，须知佛有因，佛有缘。见成公桉正欠商量，本分宗师不妨领路。敷公长老活泼又地了上又机参透柏庭禅。横枝独秀，饱吃□香。云出岫以何心，雁过空而留影。筑着磕着，时行则行。祇今丛林气象，灵泉东趾，从兹截断众流，仙奕层巅，毕竟高他一着。辊也，要大家证明，千里逢人，那话头不到，错举万年。祝圣这段事便请承当。扭转衲子鼻

(宋)《柳州开堂疏请》

头,续取祖师命脉。谨疏。嘉定七年正月　日,迪功郎柳州司户参军兼录参兼签厅黄、迪功郎柳州军事推官许、从政郎签书柳州军事判官厅公事杨、承议郎权知柳州军州兼管内劝农事赵。"(嘉庆《广西通志·金石略》未著录)。据知嘉定七年(1214年)正月,报恩寺举行开堂仪式,迎请"敷公长老禅师"为报恩寺住持,题名者有柳州知州、司户参军、推官、判官等。天宁寺主首由官方监督选举产生,寺院佛事活动等较多地有官方介入。

石刻有旧志未记载的寺庙道观，新编史志亦未能利用以考录补记。《重修高岩厨门记》记载宋代洛容县崇福寺（今鹿寨县雒容镇高岩）。文字云：

崇福寺西有山曰高岩，居僧相继焚修，废兴不一。其岩有三，中曰厨岩，东有石巷，通出上岩佛像堂，路隘且暗，昼行秉烛。西有石门，瞰近下岩，洞口险峭，人莫能登。寺僧文珏以己资命匠疏凿，易隘为广，光莹四彻，奥室一新，石凳厨门，列成阶级。三岩贯通，上下无阻。迹其经始，由珏然也。住岩僧善能亦命工缘山麓而上，层凳鳞级，通于洞口。厥功既就，宜可书。时钜宋熙宁四年辛亥三月十五日，野叟张森述谨记。

小师童行师智　太原王详书。

开篇"崇福寺"自熙宁四年（1071年）迄今九百余载，沉默于岩壁，自宋代至明代总志如《舆地纪胜》等，明清《广西通志》、乾隆《雒容县志》、民国《雒容县志》，以至新编《鹿寨县志》等均未记录。附近有摩崖《县西山高岩有三洞乃成诗留题于壁》（题下"野叟张森书"）："穿云登赏几忘还，何处神仙景可攀。好是高岩三洞府，一时攒在县西山。"又《乙巳春岁首春一日，洛容令尹董瀚仲容因职事寓崇福，欧阳绪椿谟槐、潘溱诏中、周士谦、王椿年、畿九成相拉访高岩山。王德璘携茶一啜，濡笔以识岁月云耳》（题前小字"修山智道识"）："首春熙万国，职事寓崇福。士辈来相顾，邀我访岩谷。高岩颇奇特，上有仙墨迹。昔仙隐其间，于中有所得。"考"乙巳"为治平二年（1065年）。参考佛教传入广西史迹，崇福寺当立于唐末五代，至迟宋代初年。崇福寺在熙宁年间已成为官员禅悦之地，高岩遂成游观胜地。僧释因缘山麓层甃鳞级，又疏凿岩间通道，以利登览。此石刻考见失传禅寺之一例。

同样情形又见于宋代柳州寿圣寺建筑遗址，以方信孺摩崖题记，参考宋代总志得以确定。柳江县里高橹锅山有"卧龙岩"，记载于1991年版《柳江县志》第五章第二节《古迹》："卧龙岩，位于里高街西面约2公里处的橹锅山上。该山海拔559米，山体属土石结构。有岩高约3米，宽约5米，深约4米。距洞下6米处有一巨石，上面刻'卧龙岩'三个宏劲的大字。每字高约68厘米，宽67厘米，题名为南宋嘉定乙亥年（1215年）转运判官方信孺。石刻为县重点文物保护单位。"笔者1999年3月27日前往踏勘，见题刻"嘉定乙亥八月望重开岩，释庆宗摩崖，转运判官方信孺书"一行，《柳江县志》未记。方信孺（1177~1222年）字孚若，号诗境，福建莆田人。开禧三年（1207年）奉命使金。后任肇庆府通判，改知韶州，移知道州，擢广南西路转运判官兼提点刑狱。广西境内桂林、柳州、宜山、雒容等地名迹多有题刻。"重开岩"一语与禅寺开堂演法诸佛事活动有关，可知卧龙岩曾是佛教禅寺所在。现存明嘉靖、万历及清康熙、雍正、嘉庆《广西通志》，清乾隆《柳州府志》、乾隆《马平县志》等均无卧龙岩名迹任何记载，知此岩久已为史载所遗。之所以确定此处为禅寺遗址，而寺名"龙泉"，正是得于旧志的印证。《舆地纪胜·柳州·景物》记载:"寿圣寺,旧名龙泉寺,距城西南一百十里,有山曰卧龙,中有石室流乳如人形,下有泉曰龙泉。"橹锅山在柳州西南方位,距柳州公路里程约50千米(据吴承洛《中国度量衡史》推算,宋代一尺约合0.9216市尺,即宋一尺约30.72厘米,即今之1里约合宋代1.1里),与《舆地纪胜》记寿圣寺所在方位及距离吻合,其"卧龙岩"与卧龙山之得名亦相符。《舆地纪胜》引录有《(柳州)旧经》《(柳州)图经》《龙城图志》《龙城志》,寿圣寺原载于宋代柳州旧志。方信孺登临题寿圣寺,正当柳州佛教事业兴

● 宋代寿圣寺遗址卧龙岩

盛之期。明初《寰宇通志》《大明一统志》柳州府景观、寺观未见记录，可知寿圣寺久已毁圮。《舆地纪胜》又记载龙迹寺："距州西南，居山泽之间，峰峦峭拔，湍流涌激，父老传石上有龙拏痕，故名。"宋以后未见记载，遗址亦无考。此龙迹寺与龙泉寺（寿圣寺）取名、位置颇有相合之处，如位置均在州西南方位，其名龙迹、龙泉义源来自与龙相关传说。石刻文献与典籍相关记载互证，寿圣寺因此得以证实。

宋代广西"戒坛"因石刻得以证实。宋代僧尼受戒为沙弥到桑门必由之路，必须开坛受戒，戒坛因此设立。《宋会要辑稿》所记宋代七十二戒坛分布并未记载广西、广东及陕西三地。笔者认为实际情况不可能，因无法想象广西僧尼受戒要远赴广西之外其他地方实行。之前研究者考证陕西兴元府唐安寺有戒坛院，广东潮州设有戒坛，即在《宋会要辑稿》记载之外。今从《杜碑图》《甘碑图》刻绘"戒坛"，明证广西融州设置有戒坛。《宋会要辑稿》记载开坛受戒程仪：每遇诞圣节开坛受戒，上设十座，说三百六十戒。又有宋代地方志记载，临坛僧二十余。据此则受戒时请高僧十名或至二十余不等进行说戒。广西佛教史研究首次披露报恩寺"戒坛"，对于广西佛教史研究，尤其值得注意。

诚如笔者上文所说，石刻为原始文本，记载又绝多是当时发生的事实，因此对于一地一事一物的事实自有其坚实依据。至于具体运用，不仅有碑记与典籍互证如上述之例，而且石刻之间可相辅证。其例如2007年之后有所谓据考古证明灵泉寺前身即大云寺之说出现："灵泉寺（原大云寺）始建于武则天载初元年（689

年)。唐元和十二年(817年)柳宗元修复大云寺并撰有《柳州复大云寺记》。北宋元祐三年(1088年)大云寺易名为灵泉寺,后屡次更名。"云云。在此前后亦有多篇报道称"从这些考古发现来看,基本可以确定大云寺就是灵泉寺的前身"。然而,历史上大云寺、灵泉寺各不相属,明确见于唐、宋时期柳宗元《柳州复大云寺记》、王安中《新殿记》。一是大云寺、灵泉寺有官额与民间私立之制度不同。大云寺、灵泉寺各不相属,《柳州复大云寺记》记"柳州始以邦命置四寺,其三在水北,而大云寺在水南"。大云寺是"以邦命置",由官方下令建置之寺院,即官额寺院。唐代已存在的灵泉寺(具体年代无考)为民间私立,不在"邦命置"之例。王安中《新殿记》"唐刺史柳侯记二山水石、洞穴、鱼鸟、草木最详,寺独不录,又不得例大云见于它文。问之父老,昔盖陋甚"。此谓柳宗元《柳州近治山水可游者记》"寺独不录",而灵泉寺之名又不能如大云寺见于"它文"(即《柳州复大云寺记》)。"问之父老,昔盖陋甚",民间佛寺建筑不可能与官额寺院相比。二是大云寺、灵泉寺位置各不同。重修大云寺"广大途,达横术,北属之江"。大云寺位置面朝北向,故而纵向之路"北属之江"。考古现场发现灵泉寺唐代、宋代建筑基址("宋代灵泉寺建筑遗址是在唐代建筑基础上进行扩建而成"之报告语)面西,何来"北属之江"之路?灵泉寺背倚西麓岩壁,柳州知州丘允《仙弈山新开游山路记》"今其西则天宁寺枕其麓,寺之背岩石巉绝,莫可攀援",《新殿记》"寺蔽于仙弈之腋",如此地形"凡辟地南北东西若干亩"不合灵泉寺地理。三是碑刻记载的大云寺、灵泉寺各自分明。大云寺由柳宗元重建，且为文记述为官额寺，如宋代尚存，当时志书无不记入之理。宋代文人诗文提及灵泉寺（天宁寺）多处，而从不涉及大云寺，并非两寺因承之关系，实为宋代大云寺已不存在。柳州知州文安礼绍兴六年（1136年）四月上休题名："潞国文安礼劝农近郊，食罢，与客谒天宁玮公上人，因书此日逸兴于石室。"赵师邈嘉泰三年（1203年）二月柳州知州赵师邈《复三相亭诗并序》："予到官十月，因城池修葺了毕，访水南报恩寺，观初寮小磨崖石刻。"《舆地纪胜·柳州·景物下》："灵泉寺，在州南岸三里，仙弈山、立鱼山之中，绍兴丁巳改为'报恩'，有翠微亭，崖石刻王初寮诗碑。"《柳州·碑记》："灵泉寺磨崖碑，王安中。"《舆地纪胜》征引宋代柳州志有（柳州）《旧经》、（柳州）《图经》、《龙城图志》十卷（淳熙即1174~1189年间柳州教授黄畴若纂修）、《龙城志》(《龙城图志》)。《柳州·景物下》记入柳州州治（马平）境域内佛寺有"灵泉寺""灵溪寺""寿圣寺""龙迹寺"，又《柳州·碑记》"大云寺，柳宗元，碑见存"。记大云寺有碑存而未记大云寺，证明宋代志书编纂之时大云寺已不存。

石刻记载道教天庆观兴革。宋真宗规定天书下降泰山之日为"天贶节"，命设道场祭祷，由此掀起崇道热潮。《宋史·本纪真宗》大中祥符二年（1009年）"（冬十月）甲午，诏天下置天庆观"。各州、府、军、监纷纷建置天庆观。广西天庆观见于记载有《永乐大典》引明初《苍梧志》记玄妙观"唐开元二十九年置，初名玄元宫，天宝元年改紫壁宫，宋祥符八年改天庆观。元朝改今额。"光绪《郁林州志·艺文附金石》记"天庆观,在城南一里山川坛西,宋祥符间创建。观废已久,尚存一碑"(即真宗敕制文刻碑尚存)。《广西通志·宗教志》记载桂林天庆观、郁林州天庆观(大中祥符八年,1015年)、平乐天庆观(大中祥符建),另有宜州天庆观(记载为元代建,当为宋建)、合浦天庆观(记载明洪武建)。融州有天庆观,南宋《舆地纪胜》、明《寰宇通志》、《大明一统志》、明清《广西通志》、乾隆《柳州府志》、道光《融县志》、民国《融县志》等志书均未见记载,晚近编纂的《广西通志·宗教志》《融水苗族自治县志》亦未记。然而《杜图碑》诗前序多处提及天庆观:"岁在壬午,蒙欧判府请充天庆住持。次年夏潦,涨齐殿檐,摧损观宇,应然一力新之。"又"乙未夏,应然辞出两载,遍游南岳、庐阜、武当之归,一岩两观又皆倾损,狼籍如前。丁酉、戊戌岁重修天庆。庚子岁再修报恩观"。题款"懒庵野叟天庆观住持管辖焚修观事武林杜应然撰"。不仅补出相关史志失载融州天庆观,而杜应然任两观住持(主首),也是宋代道官道职一重要史证。

第四节　图碑的建筑研究价值

石刻如碑碣摩崖类型之中,有以图像为刻绘内容,如政区图、城池图等,儒释道以及民间俗神供祀图等。广西古代石刻城池图最为著名的有《静江府城池图》,是南宋末年静江府(今桂林)的城市平面图、为国内现存宋代两件石刻城图之一。桂林最早的城址是唐初李靖创建的子城，后有陈环建夹城，形成桂林前朝后市的城市格局。宋至和元年（1054年）余靖建桂州新城，南起今榕湖、杉湖，北至独秀峰以南，东临漓江，西至今湖光路。宝祐六年（1258年）至咸淳八年间（1272年）为抵御蒙古军队的进攻，广西经略安抚使李曾伯、朱祀孙、赵汝、胡颖相继修筑自桂州城向西延伸至骝马山、老人山，向北扩展至鹦鹉山、铁封山的静江府新城，并在竣工后于鹦鹉山镌刻了《静江府城池图》。此图的古代城市研究价值已见于多种专著探讨。

融水真仙岩原有刻制于宋代的一批图碑，堪称中国岭南地区文化艺术名品。杜应然《融州老君洞敕赐真仙岩之图》（即《杜图碑》），刻于淳祐二年（1242年），原石已毁；一为《融州老君洞图并赋》（即《甘图碑》），甘应龙撰，甘有彦重镌（原石已毁，存残块一角）刻于淳祐五年（1245年）。今存墨拓虽久历岁月，然景观之美，刻绘之精，视之悦目。图碑刻制至今历时八百年，标刻名物（地名、胜迹、建筑景观等）仅一小部分见于旧志载记，真仙岩文化景观整体状况长期失于研究：新修史志未记，广西文化研究论述专著未及，中国古代宗教史、中国古建筑研究专著、佛寺建筑研究专著等亦未能引用。真仙岩内外诸景观已毁残殆尽，图碑可为实证而极具"考古"价值，足以鉴证宋代儒释道融合背景下，真仙岩文化景观在广西古代文化史上具有极其重要的地位。图碑内绘刻的建筑群落，实为今日研究广西古代建筑文献之上选。

道教报恩观的建筑式样。道家和道教文化进入真仙岩，与风

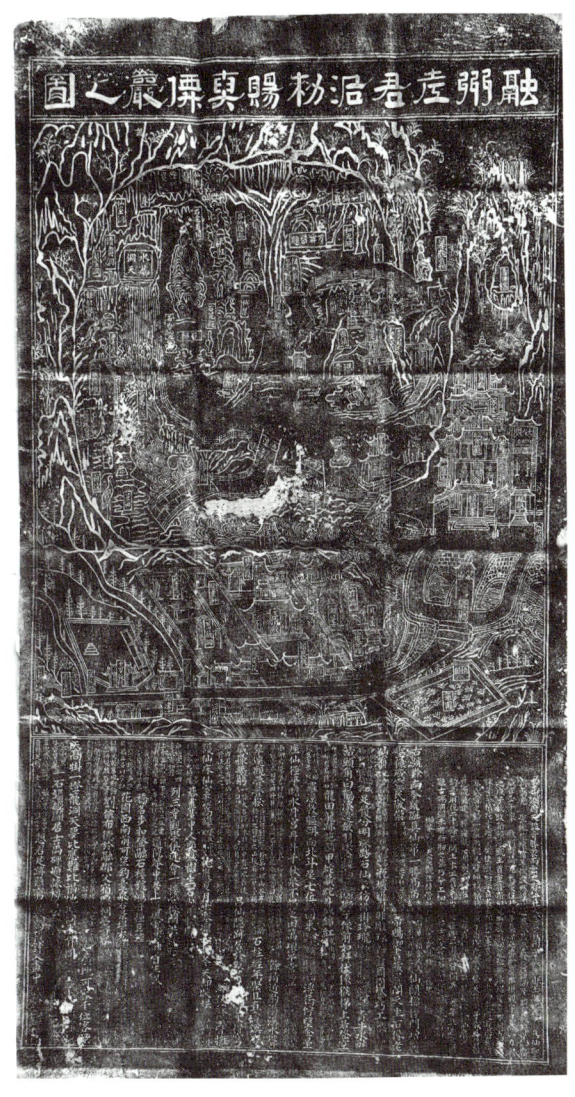

●（南宋）杜应然《融州老君洞敕赐真仙岩之图》

景名胜观赏和开发相先后，自然胜迹与建筑景观名称大多与道家和道教文化相关，至宋代遍布岩内。融州真仙岩报恩观建筑体量大，奉祀系统规制严格。《杜图碑》显示报恩观为大宫观建制，即同时具备殿、院（道院）、庵三层次。道观建筑以中轴线递进，左右对称。入山门为前庭，左设真官堂（道士出家有"祝念已毕，入真官堂，诵经行礼祖师之前"程式）。进正殿"三清殿"，内奉"玉清元始天尊、上清灵宝天尊、太清道德天尊"。右为"四圣殿"，左为"五师殿"。三清殿后为中庭，左有"紫薇阁""岁寒轩"。进为"梓潼殿"，殿后墙外筑有"仙春亭"。道院为道观附属。《杜图碑》显示有"观道院"。报恩观之右磴道相隔一组建筑为牌楼门题额"观道院"。内为长形廊院，进深处有"迎薰轩"，院内竹木扶疏。观道院之右以墙为隔，亦为长形廊院。牌门题额二字损残不辨（人为损毁）。院内进深处有"蔷薇洞""望远亭"。报恩观之左建筑一组以"神仙境界"（磴道）为界，无院墙分隔。前有牌阁式大门，题二字残损不辨（亦人为损毁）。旁题"仙境分辉"。院内有"月台""竹洞"，为天然胜迹。又有"道院"。《杜图碑》记载"丁丑岁杜应然创道院五间"。图碑显示位置在会一阁之上，还有庵。庵或为独立建筑物，或设于别院之中。《杜图碑》"道院庵中居上道，风雩台畔自生风。旧无庵宇，丁丑岁杜应然创道院五间，崇奉香火"。此则道院设有庵。另有"懒庵"，杜应然居处，见于《杜图碑》。庵后有亭阁建筑一处，旁题"清樾亭"。

报恩观建筑位置及布局，是创建以来历代道观修持者努力发展之结果。殿、院、庵三层次建筑适应真仙岩具体地形渐次构成。其中正殿（三清殿）为初创时期建置，居于真仙岩最中心地位。之后向纵深、横拓方向展开，依次递进，由个别、单一建筑相互连接组合成建筑群。宫观建筑内外，以天然胜迹为依托，报恩观构建有楼、阁、亭、榭等，极具园林风光景致。

真仙岩建筑景观名称多与道家和道教文化相关，至宋代时遍布岩内。主要名称绘刻于《杜图碑》：梓潼殿、四圣殿、三清殿、五师殿、天下第一真仙之岩、仙关、圣像、合岩圣相、石像老仙翁、仙衣、青牛、白鹤、仙梯、老君蛇、斗星七位、转山北斗、仙径、丹井、芝田、寿溪、吕仙隐迹、钟离观泉、飞升坛、幢幡（僧道两用）、仙床、仙室、应化、和光、会一楼、三教圣相、三官堂（道教供天、地、水三官神之处）、钟吕二仙堂、道院、庵、三圣堂、洞天、福地、神仙境界、仙境分辉。

三清殿。《杜图碑》绘刻于报恩观。宋代道观主殿，内供奉"玉清元始天尊、上清灵宝天尊、太清道德天尊"。碑图标刻并文字注明其建筑位置和布局，是研究道教建筑、道教神祇及俗神（民间俗神大多与道教关系至为紧密）最为直观的展现。

四圣殿。《杜图碑》绘刻于报恩观内。供奉"四圣"，当即《道经》"四圣者，紫微北极大帝之四将，号曰天蓬、天猷、翊圣、真武大元帅真君"。

五师殿。《杜图碑》绘刻于报恩观内。五师指五方五老：东方青帝青灵始老九炁天君、南方赤帝丹灵真老三炁天君、中央黄帝玄灵黄老一炁天君、西方白帝皓灵皇老七炁天君、北方黑帝五灵玄老五炁天君。五方五老之供奉，可见证于南宋淳熙五年（1178年）贾遵祖《题真仙岩诗》"青牛昔过函谷关，我陪五老曾造请"之句。

三官堂。《杜图碑》"罗汉阁"之下为"三清诸圣"，标刻于堂殿之中。《甘图碑》标刻为"三官堂"（此即道教供天、地、水三官神之处）。

二仙堂。《杜图碑》标刻："绍定己丑杜应然创阁在岩内，名曰会一，上奉三教圣相，下为钟、吕二仙堂。"供奉道教钟离权、吕洞宾二仙。钟、吕二仙为道教内丹派代表人物。后辈弟子多自称玄门或仙家。钟离权传吕洞宾，授燕相刘操，操授三阳：张紫阳、王重阳、董凝阳。至此钟、吕一脉一分为三。分支薪火相传，大道宏演。真仙岩有二景，一为天然景"吕仙隐迹居于壁"，二为"钟离观泉"，即天然石如钟离权面寿溪而观赏，可知真仙岩供奉钟、吕二仙习俗已久。

梓潼殿。《杜图碑》绘刻于报恩观内，"庚子岁再修报恩观，鼎建梓潼殿七间"（庚子，嘉熙四年，1240年）。内供奉梓潼帝君。梓潼帝君为宋代出现的道教神祇，梓潼殿为南宋时期道观重要建筑之一。梓潼帝君又称"文昌神""文昌帝君"，为道教主宰功名、禄位之神。南宋前期梓潼神职掌为两方面：一为掌仕禄，梦中预告榜次或排除登科障碍；一为主兵革，多限于惩治叛逆。宋理宗以后梓潼神不再兼掌兵革，而专掌注禄籍。真仙岩报恩观梓潼殿修建正处于梓潼神专掌注禄籍变化期内，此与文化教育氛围紧密相关。

元皇大帝。诸葛应杰刻《元皇大帝像碑》(碑两件原存融水真仙岩，今残存各一小段)。其一为南宋咸淳七年（1271年）中元刻。中为元皇大帝像形象威严，旁两侍者并一神兽。诸葛应杰撰并跋。其二为咸淳十年（1274年）六月刻。上赞下图，图为元皇大帝，旁为两侍者，形象近于世间文士。随侍者一为侍女，手执书函盒，一为书童，手执如意。形象前后明显不同，反映出南宋时期元皇大帝世俗化倾向。南宋咸淳七年（1271年）碑诸葛应杰跋语有"梓潼元皇，感应帝君"语。"帝君"为"元皇真君大帝"，即"元皇大帝"。"梓潼""元皇"并称，反映南宋时文昌神、梓潼神已作为一神祭祀。南渡后，两川梓潼神信仰由士大夫传向东南，并在杭州吴山建庙。绍兴十七年（1147年）、绍兴二十七年（1157年）两次加封梓潼神，尊号由六字升为八字，影响遂遍及全国，传入广西亦在此时。

圣祖老子。《杜图碑》绘刻。老子石刻像今存残碑一段。南宋咸淳八年（1272年）十一月刻。诸葛应杰撰，欧阳宜中书，周聪□镌刻。赞辞"大哉至道，无为自然。劫终劫始，先地先天。含光默默，永劫绵绵。东训尼父，西证金仙。古今敬仰，世代流传。八十一化，号曰玄元"。跋语："尝观老子《道德经》云：大象无形，道隐无名。就是而言，则老子德容似未易以想见也。然则果不可想见乎？《经》又云：'惚兮恍兮，其中有象。'是亦未可以无形议之也。今本乃道士懒庵杜应然尝刊梓印行，自后失其传久矣。昔得懒庵亲授此本，奉以香火有年。于兹不敢自秘，合家发心，命匠伐石，刊于玉融老君岩中。非邀福也，盖将期与此岩之真像同为不朽，而四方无不传之以敬仰云。时咸淳八年，岁在壬申仲冬吉日。"跋后题款："八桂诸葛应杰谨题。州学学谕欧阳宜中书。玉融周聪□镌。"杜应然尝刊梓印行老子像，以供奉于"会一堂"中。至咸淳八年（1272年），诸葛应杰据杜应然"亲授此本"，重刻石像以于真仙岩。

尹喜真人。《杜图碑》天然胜景"尹喜真人"，《甘图碑》作"飞升真人"。尹喜，字文公，号文始先生、文始真人、关尹。甘肃天水人，自幼究览古籍，精通历法，善观天文，习占星术，能知前古而见未来。《庄子·天下》称为"古之博大真人"，与老子并列。老子授尹喜《老子五千言》（即《道德经》），尹喜后跟随老子西出散关，化胡西域。又记载尹喜得道后飞升，被封为文始真人。尹喜真人下设有"飞升坛"，为应景建筑，体现出天然名景与人工建筑之配合无间。今残存"飞"字拓本题刻，为嘉定丁丑（嘉定十年，1217年）刻，即"飞升坛"题榜。

真武。真武像碑今存毁不详。南宋庆元二年（1196年）七月十九日刻石。吴今刻石并跋。吴今，字宜仲，开封人，融州融水县令。真武即北方之神玄武，北方七宿，其形如龟蛇，龟蛇即玄武。宋时避讳改"玄"为"真"，称真武大帝，又称玄天上帝、玄武大帝、佑圣真君玄天上帝、无量祖师，全称真武荡魔大帝，简称"真武帝君"。民间称为荡魔天尊、报恩祖师、披发祖师。按五行之说，北方属水，水可克火，唐代之前祠真武以镇火灾，属保护神。宋代真武崇拜极为盛行。真武成为镇邪驱魔、统摄北方之大神，世人绘塑以供，筑观以居，祭享之礼遍天下，地位发生根本性变化。宋太祖、宋太宗将真武作为"四圣"之一供于皇宫。真宗朝前后《元始天尊说北方真武经》出现真武人格化、形象化。宋徽宗加封真武为六字真君，并修拱极观，宋钦宗加封号为八字，宋高宗建四圣延祥观，宋孝宗建佑圣观，宋理宗御书《真武像赞》，并于宝祐五年（1257年）将真武封号增至五十六字之多。自真宗建祥源观，民间供奉真武的观、殿、院、堂、庵迅速出现，至南宋中期，鄙野乡村亦像绘真武以供。真仙岩内供奉真武像，与报恩观内四圣殿真武供奉相配，或即供奉于殿内。按：真武像旧志以为孟获像，误。民国《融县志》第八篇《古迹名胜》第二节《金石》"孟获像碑，宋庆元二年融水县知县吴今刊"，为"吴道子笔"。《自治区重点文物保护单位——真仙岩碑刻去向简述》（《融水文史资料》第4辑）记此碑被埋入地下："孟获像与孔子像前列，当时必有一定含意。"孟获为三国时期南中地区少数民族首领，225年起兵反叛蜀汉，被诸葛亮七擒七纵后降服，此后不再叛乱。碑跋语吴今题"臣"字款，亦证明不可能为孟获像。

北斗七元星。北斗七元星像碑典籍相沿记载为诸葛应杰刻于南宋咸淳年间（1265~1274年）。左上题"北斗七元星像"，右题"吴道子笔"。北斗七星君为道教七位星神，即七元解厄星君，居北斗七宫：天枢宫贪狼星君、天璇宫巨门星君、天玑宫禄存星君、天权宫文曲星君、玉衡宫廉贞星君、开阳宫武曲星君、瑶光宫破军星君。

三圣堂。《杜图碑》标刻"三圣堂"一处，诗云："桥名步扣登融石，楼号鸿音撞巨钟。端平甲午，杜应然于玉融山石上创一钟楼，名曰'鸿音'。从三圣堂前架桥至钟楼，声撞其桥，立名曰'步扣'。"《甘图碑》未绘刻。三圣堂供奉是何神祇，《杜图碑》附诗未言及，旧志亦无记载。今按：报恩观三清殿已供奉道教三位尊神，会一阁"上奉三教圣相"，三圣亦非佛教西方三圣（阿弥陀佛、观世音菩萨、大势至菩萨），其他如国学三圣孔老墨、道义三圣刘关张当亦无涉。考此"三圣堂"当为南宋时期敬祀"忠烈三圣"供奉有关，即旌忠北宋元丰五年（1082年）抗御西夏战死的统军高永能、景思谊、程博古三人（另有景思忠、景思义、景思谊三兄弟一说）。南宋初因和尚原大战获胜，三圣神获赐"旌忠"庙额，加封至四字王，立庙临安，作为一处重要的神道设教场所，不仅是鼓励忠君报国、旌表忠义的忠节祠，还成为祈雨、祈雪、祈晴之地。都城崇祀影响及地方，上行下效，地方旌忠报国庙宇逐渐增多。临安旌忠观建庙还与宋高宗、孝宗及皇室尊崇道教有关，道士管理日常祭祀。真仙岩"三圣堂"位置于步扣桥与笞翠亭之间，为道教建筑集聚之地，而建庙与杜应然籍出杭州应有密切关系（三圣神主要在江浙地区及川陕之间传播较广泛）。宋代全州（明洪武二十七年，即1394年属广西桂林府）亦有三圣供奉，见于嘉庆《全州志》卷二《祠祀三·圣庙》："宋嘉熙间郡守刘学裘建。圣字疑误，或是三皇庙。陆清献曰《真定府志》载，元时令天下通祀伏羲、神农、黄帝。此三皇庙所由设欤。"此三圣非三皇，旧志纂者疑为三皇，不确。此庙建于宋，而元时令天下通祀三皇。三圣供奉盛行于宋代，鼎革之后已渐为世所遗，而旧庙尚存，故有疑"三圣"为"三皇"之说。

岳镇。《杜图碑》标刻于"福寿"之上,图形为碑,当为写实,与传统山镇之物同。《甘图碑》位置同,形状亦为碑形,内中绘图形,似人形。岳镇原指五岳等名山。《新唐书·礼乐志一》:"中祀社稷、日月、星辰、岳镇、海渎、帝社、先蚕。"宋代承之,为山川神。山神而言,五方山神各自管辖一方,其中以东岳泰山地位最高。自宋真宗封禅泰山以后,其神圣如日中天。与此同时,各地亦陆续模仿泰山东岳庙,建立类似庙宇。广西东岳山神供奉遗存记载有《永乐大典》明洪武《容州郡志·祀庙》:"东岳庙,在西城外三皇庙东。"真仙岩"岳镇"为山川祀典东岳象形物供奉。东岳神祀与道教关系紧密,设祀于真仙岩事属自然。至于设祀起于何时,比较可能是宋真宗在位之时,因有大举封祀五岳四镇,并题老君洞为"真仙岩"之背景。

玉融山。《杜图碑》:"桥名步扣登融石,楼号鸿音撞巨钟。端平甲午,杜应然于'玉融山'石上创一钟楼,名曰'鸿音'。"图标镌刻于一自然石上。《甘图碑》绘刻同。两图并予标刻,相较于其他胜迹似更为重视。"玉融山"与东岳神祀"岳镇"并见于真仙岩,或为融州镇山之象征物。

风雩台(祭天祈雨处)。《杜图碑》:"道院庵中居上道,风雩台畔自生风。旧无庵宇,丁丑岁杜应然创道院五间,崇奉香火。庵上有风雩台,极凉好眼界。"道光《融县志》、民国《融县志》讹误为"风云台",失其原意。《柳州府志·古迹·融县》记载不误:"风雩台,在灵岩绝顶。"《说文解字》:"雩,夏祭乐于赤帝,以祈甘雨也。"宋代求雨专祭极为盛行,"风雩台"因此而形成。

佛教报恩寺的建筑布局。报恩寺建筑布局适应真仙岩具体环境，遵从宋代禅宗寺院规制，在广西宗教研究、中国古代建筑研究等方面具有典型意义。报恩寺位置布局、寺院整体及相关建筑，淳祐二年（1242年）杜应然《融州老君洞敕赐真仙岩之图》、淳祐五年（1245年）甘有立《融州老君洞图》详细清晰绘刻，同异详略之间可互证互补。宋代禅寺完整建筑形式已无留存，而宋代佛寺图例详细清晰绘刻且存世者，可谓极其珍贵。

《杜图碑》山门题"报恩寺"，左为"禅林"、右有"仙关"牌坊，以此与其他建筑区间隔断。进殿前院，侧有"僧堂"，左右为厢廊式建筑。"金仙殿"前设置经幢两座。大殿两侧右为"佛阁"，左为"钟楼"。殿后进入"法堂"，左右为"行堂""戒坛"，之后为"方丈"。最后为"宝藏"之地，侧旁有"观音阁"。《甘图碑》报恩寺建筑刻绘与《杜图碑》基本一致，手法略异。相异处有名称不同，或文字详略不等，刻绘细节不同之处则如山寺门帘作迎风飘起状。宋代禅宗寺院基本延续唐代传统。寺院堂殿配列有一定之规，但具体某一寺院则因所处位置不同而略有异同。布局以院为单位，既体现中心区十字格局，即"山门朝佛殿，厨库对僧堂"格局，而整体则取纵深走向，适应于真仙岩地形。宋代大寺院规制所必须设立者，报恩寺多具备，另有钟楼、戒堂等均依规制构建。另外，佛寺必备设置如"寝殿""厨子""食堂""厕所"等，或观念不必，或刻版所限，未一一标刻。各相关建设无一定不变之格局，尤见宋代报恩寺建筑风姿多彩，既有守制度之一致，又因地形而应变，与明清之后佛寺大一统模式有明显区别。

甘有立《碑图》（局部）报恩寺

图碑还可考见城市建筑布局。道光年间怀远县图碑存于今三江侗族自治县丹洲镇丹洲屯（明代万历十九年[1591]迁建的怀远县城），嵌于东城门内拱洞左墙，上为《怀远县总图》，下为《怀远县城图》，刻制于清道光二十六年（1846年），图碑旁另有《补修怀邑城厢道路碑》，形制大小、石材质与图碑一致，同时所立。《怀远县总图》为境域图，与湖南、贵州及本省各地接壤处均标注各地界。上部从右至左（面碑）分别题"湖南绥宁县地界""湖南双江司地界""□□□县地界""永从县地界"，右上边沿题"本省龙胜厅地界"，右下题"融县地界"，左边沿自上而下分别题"贵州黎平府丙妹□□地界""贵州黎平府西山汛地界""本省融县大□村地界"，下部沿边题"融县河潺村地界"。县域内绘刻山镇、水脉、道路，线道细柔，行走飘逸，颇近于传统山水画之法，并随图形标注山峦、河流名称。巡检司、主簿驻所，以及塘、峒、堡、村等地名均予标示。各自然及人文的地理单位分布密集，可见一县地理大势。《怀远县城图》为城区图。碑图上下左右分别刻标"北""南""东""西"四向。图中城垣、城门及楼、月城、道路、官廨、学校、寺庙、营舍、民居，以至树木及河边的舟船均刻绘工细，清晰了然。重要的建筑物相应注出名称。标绘从比例和形象上突出城垣、城门楼阁及主要官廨，强调城的防御功能，突出官署的政治地位。地图物象种类及密度较以往同类地图有所增加，这是由地理标注内容所决定，反映出地图学编制上的进步，同时也是碑图绘制方式上的特点。图碑与有关万历怀远城的文献记录相核对，城池规制、城门数、月城及主要建筑体等均相吻合，

第五章 石刻文献价值叙论

●（清）《怀远县总图》（上）《怀远县城图》（下）

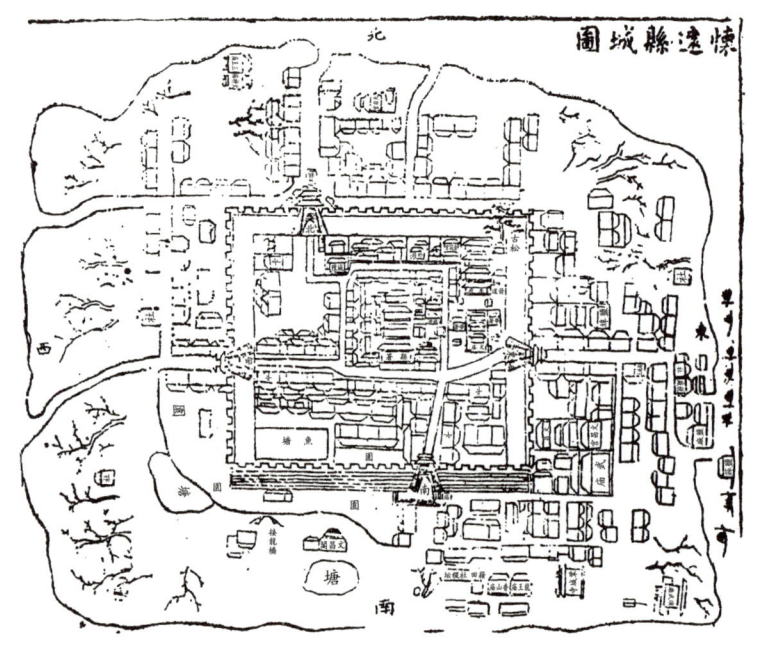

● 据碑图摹绘的《怀远县城图》

反映出明代怀远县城池基本格局和概貌。

《怀远县城图》与明代怀远城有一处重要而且极为明显的不同之处，即外城垣已无踪迹。余立《复怀远县治碑记》："距城若干丈，环以舍，营兵居之。距营若干丈，缭以垣，益以栅，商侩肆之。"此"缭以垣"即堆垒的外城。图碑内城垣、道路、建筑刻绘细致清晰，而土垒外城垣无痕迹，明显为万历年间土垒经长期风雨侵蚀，至图碑刻制时已毁坏无存。图碑可用于考察诸如地方行政建置、区划考察，确定自然山岭位置和名称，自然溪河流向变迁，研究城市坐落位置，以及地名、街坊变化，城墙、道路、官衙、寺宇、学宫、营舍等建筑位置和形态。以图碑参照有关文字文献进行比对，可知怀远县城各建筑形制、方位、朝向、相对距离等方面具体位置、形状、规格，以及始建、存废等内容。瓮城是古代城市主要防御设施之一，依附于城门，与城墙连为一体，其形或圆或方。圆者似瓮，故称瓮城，又称月城。南北二城门外各筑有月城，为明城旧制，见于民国《三江县志》："南北筑月城二座。"图碑刻绘月城形状，而且月城门东向开细微之处也予以刻画；出于军事防御需要，南北二城门并不对直，而是明显错开，因此南北向主街道走向并不垂直。这些在文献中均未说明，碑图的刻绘可补文字记述之未备。《怀远县总图》《怀远县城图》绘刻具体建筑等物体，形象刻画繁复、细微，反映出清代地图编制方式变化，承载古代城市诸多历史地理信息在特定时间内的空间分布。